房地产行业发展与创新实践

顾立基　主　审
胡建新　主　编
刘爱明　陈　俊　副主编

中国建筑工业出版社

图书在版编目（CIP）数据

房地产行业发展与创新实践 / 顾立基主审；胡建新主编；刘爱明，陈俊副主编. — 北京：中国建筑工业出版社，2022.10
ISBN 978-7-112-28042-1

Ⅰ.①房… Ⅱ.①顾…②胡…③刘…④陈… Ⅲ.①房地产业-经济发展-研究-中国 Ⅳ.①F299.233

中国版本图书馆CIP数据核字（2022）第181451号

本书内容依托于清华大学经济管理学院和清华大学深圳国际研究生院联合培养金融硕士的"中国金融实务课堂"系列课程之"中国房地产发展之路"的2022年春季课程课件，希望借此机会分享授课老师在国家政策和行业变革背景下的思考与创新实践，以及个人职业转型发展的经历和体会，为房地产行业转型升级与创新发展提供一些思考与案例。

全书分为绪论、新理念、新策略、新模式、新技术、新价值、新需求、新业态共八章。围绕两个维度展开：（1）房地产行业发展历程、正在经历的结构性变化以及未来方向；（2）在新的理念、技术和需求等推动下，房地产行业的创新实践。本书可作为高等学校房地产和金融等专业的教材，也可供房地产行业研究人员参考使用。

责任编辑：辛海丽
责任校对：孙 莹

房地产行业发展与创新实践

顾立基 主 审
胡建新 主 编
刘爱明 陈 俊 副主编

*

中国建筑工业出版社出版、发行（北京海淀三里河路9号）
各地新华书店、建筑书店经销
北京鸿文瀚海文化传媒有限公司制版
北京建筑工业印刷厂印刷

*

开本：787毫米×1092毫米 1/16 印张：16½ 字数：319千字
2022年10月第一版 2022年10月第一次印刷
定价：66.00元
ISBN 978-7-112-28042-1
（40024）

版权所有 翻印必究
如有印装质量问题，可寄本社图书出版中心退换
（邮政编码 100037）

本书编辑委员会

顾　　问：武晓峰　清华大学深圳国际研究生院，深圳市清华大学校友会
主　　审：顾立基　原招商局科技集团
主　　编：胡建新　广东省低碳发展促进会，原招商蛇口
副 主 编：刘爱明　深圳清华校友房地产协会，中城新产业
　　　　　陈　俊　深圳清华校友房地产协会，深圳诚则成房地产管理顾问
编写人员：（以姓氏笔画排序）
　　　　　王　刚　中国REITs联盟，北京睿信投资
　　　　　王俊梅　深圳清华校友房地产协会
　　　　　孔小凯　深圳清华校友房地产协会，华润置地
　　　　　田雅芳　清华大学深圳国际研究生院
　　　　　朱恒源　清华大学经济管理学院
　　　　　伍加健　深圳润创企业发展
　　　　　刘合泽　清华大学深圳国际研究生院
　　　　　李一帆　品览科技
　　　　　邱　江　加拿大C.P.C建筑设计顾问
　　　　　余志良　招商蛇口
　　　　　邹益民　中国平安保险集团
　　　　　宋　丁　国家高端智库·中国（深圳）综合开发研究院
　　　　　张　冉　搜狐焦点研究院
　　　　　张雪舟　清华校友总会城乡建设专业委员会，全联房地产商会
　　　　　张朝峰　普华永道咨询
　　　　　陈　阳　搜狐焦点研究院
　　　　　林　杨　深圳清华校友房地产协会，港中旅
　　　　　林波荣　清华大学建筑学院
　　　　　周胜阳　深圳清华校友房地产协会
　　　　　赵　可　招商证券
　　　　　赵　迟　清华校友总会城乡建设专业委员会
　　　　　赵建勋　兴业银行
　　　　　郝一斌　深圳清华校友房地产协会，金地集团

徐勇刚　清华校友总会城乡建设专业委员会，艾勒可科技
徐添华　深圳清华校友房地产协会，深圳市政院
唐晓虎　上海久富智本股权投资基金管理
黄俊鹏　友绿智库
蒋灿明　深圳清华校友房地产协会
樊新贺　深圳清华校友房地产协会，中海地产

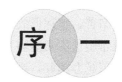

序一

第一次参加清华大学深圳国际研究生院主办的"中国金融实务课堂"系列课程之"中国房地产发展之路"课程是在2019年春，该课程与清华大学本部秋季学期的"中国房地产发展之路"课程遥相呼应，邀请的老师都是房地产行业的大咖，兼具理论与实战经验，成为清华大学研究生学术与职业素养课程中的一道靓丽风景线。该课程在深圳开课至今已有五年，期间我有幸受邀参与了三次课程的讲授，于我个人而言也收获颇丰。

1998年国家取消福利分房政策，自此正式拉开了房地产高速发展的大幕。我在1992年参与创建了清华大学房地产研究所，有幸参与并见证了这个过程。过去30多年的房地产业发展历程，正是我们国家经济社会快速发展的过程。国有土地有偿使用制度和土地出让金的分配和使用方式，极大地激活了地方政府的主观能动性，成为地方快速发展的密码。房地产业的蓬勃发展，激发了地方的整体经济活力。在这个过程中，房地产业也逐步发展成为国民经济中不可或缺的重要力量。

作为衣食住行当中占比最大的一块，也作为家庭和社会财富的重要组成部分，房地产在政治经济、社会民生、生态环境等方面有着非常广泛的影响力。认识和理解房地产对于每个人都非常重要，无论你是不是房地产行业的从业者。

这门课程面向的对象主要是清华大学深圳国际研究生院在校金融硕士，已经参加工作的校友和业界人士参与旁听的热情也非常高，尤其是近三年受新冠肺炎疫情影响授课转为线上线下融合的方式后，让全国各地的校友都有机会参与到课程中来。在这个过程中，教学相长，通过对房地产行业各个领域和当下出现的新情况进行探讨，逐步形成了更为系统的课程内容体系。

当前，我国经济正处于转型期，如何发挥好房地产在整体经济中的作用，如何处理好政策和市场的关系，如何处理好房地产和其他实体经济的关系，如何实现房地产行业的转型和创新发展，是新阶段的新命题，也是未来房地产从业者和房地产政策制定者需要思考的关键问题。

《房地产行业发展与创新实践》这本书，是深圳2022年春季课程的合集，理论基础扎实、实践案例丰富,为希望了解房地产的读者打开了一扇窗,帮助大家认识房地产的内在逻辑、思考房地产的未来发展方向。感谢清华大学深圳国际研究生院的诸位老师和校友们不辞辛苦,整理形成本书。相信这本书会成为房地产领域的一部极具特色的作品,也希望这本书能够为大家所喜欢。祝愿"中国房地产发展之路"课程在大家的支持下越办越好,希望有本书的续集不断涌现。

刘洪玉
清华大学建设管理系教授、房地产研究所所长
清华校友总会城乡建设专业委员会会长

"中国房地产发展之路"课程来到深圳已经有五年时间了,得知在各位主讲嘉宾的大力支持下,第五期深圳校园的课程即将结集出版,可喜可贺!因为这些高水平的教学资源的出版,必将让更多的读者受益。

这是一门非常特别的大学课程,它的最特别之处在于它并没有一本完整的教材,也不是由一位老师来主讲,甚至主要都不是由大学的老师们来主讲,而是在清华校友总会城乡建设专业委员会的大力支持下,每次课都邀请我国房地产行业有代表性的领军人物,围绕房地产行业的历史、现状和展望等进行专题讲座。课程自开设以来,受到学生和校友们的广泛欢迎和好评,每次课堂都是座无虚席。

我观察到这门课程的另一个特殊之处在于它的听众除了学生之外,还吸引不少校友以及学校其他不同专业的老师们,让校园的学习氛围更加浓厚。嘉宾的讲授,课后的互动等,把理论与实践、历史与未来更好地统一在一起,是产教融合的有益探索。我自己也数次安排时间参加听课,受益良多。刘爱明对房地产行业生态系统的阐发,方鸿强对装配式建筑的介绍,刘伟对招商局集团"前港—中区—后城"港、产、城综合开发模式的介绍无不给人留下极为深刻的印象。

这门课程初创于2014年,在北京校园得到不断丰富、完善,受到大家的欢迎。2018年春季学期第一次来到深圳校园,同样受到深圳的师生和校友们的欢迎,就一直坚持办了下来,形成了"春季学期在深圳,秋季学期在北京"的新模式,是一门在深圳、北京南北两个校区都开设的课程。这样一门课程需要协调很多主讲嘉宾的时间和授课内容,需要保持与时俱进,能够坚持举办下来,和很多人的支持和努力是分不开的。我谨代表深圳国际研究生院向各方人士给予的大力支持和无私奉献表示衷心的感谢!首先要感谢的是各位主讲嘉宾,他们在日常繁忙的工作之余,还要挤时间备课,不少专家是专程从另一个城市前来给学生们授课,结束后又匆匆赶回,没有任何酬劳。有多位专家不辞辛劳,坚持多次来学校给学生们作报告,其中多位校友,比如刘爱明、孔小凯、蒋灿明、张雪舟、陈俊等,他们不仅是课程的讲授者,更是课程的积极组织者。我们还要特别感谢该课程的两位责任老师,顾立基老师和胡建新老师,他们都是已经退休的人了,但为了培养学生不辞辛苦，坚定地挑起了组织好课程的担子，他们为整个课程能顺利完成倾注了大量的心血，从筹划课程的整体安排，到落实讲课嘉宾的接待、主持每一次的课程等。我们还要感谢多位校友在幕后所做的大量服务性工作，徐勇刚、赵迟、王俊梅、樊新贺、徐添华等，由于篇幅所限，我不能为该课程作出诸多贡献的各位一一点名致谢，在此一并向大家致以诚挚的感谢！

改革开放以来，房地产事业的蓬勃发展是中华大地上最为耀眼的发展标识之一。一座座高楼拔地而起，一座座城市有了更高的天际线；四通八达的高速公路，纵横交织的高铁线路，使中华民族的伟大复兴有了更高的起点，有了更快的速度。我相信"中国房地产发展之路"课程上的传承、交流、研讨和展望，必将汇入中国式现代化建设的历史洪流，也必将在民族复兴的伟大征程上开出绚烂的花朵，结出累累的硕果！再次感谢所有相关人员的无私奉献！

武晓峰
清华大学深圳国际研究生院党委书记
深圳市清华大学校友会会长

序三

从2014年开始,我有幸受邀在北京讲"中国房地产发展之路"这门学分课。2018年,在时任清华大学深圳研究生院副院长王晓浩的大力支持下,由清华校友房地产协会策划将这门课落地到深圳,我也一直担任深圳校区的授课老师。记得那年元旦我们还一起开了课程筹备会,这个传统也一直延续下来,每年提前2~3个月大家聚在一起策划课程内容,精选讲师,常变常新,以确保课程贴合当下行业形势。

房地产作为国民经济的支柱之一,对国家以及个人都有着重大的意义,但许多人对房地产行业的认知存在偏差,甚至扭曲。这门课,邀请来自业界做得非常成功的企业家、董事长、总裁现身说法,亲自授课。课程内容围绕房地产行业的发展历程、正在经历的结构性变化以及未来的方向展开,从新理念、新策略、新模式、新技术、新价值、新需求、新业态等多个维度把行业的最新实践在课堂上呈现,希望带大家认识一个更全面、更丰富、更立体的房地产行业。

未来房地产行业的发展不可避免地会发生重大调整,在多重因素叠加影响下,房地产行业将在不断变化中发展。未来,这门课也会围绕行业发展不断探索,持续把最新的业界案例、行业实践呈现给大家。希望能够启发人们的思考,共同探索行业发展。

本书整理和记录了2022年春季课程各位授课老师的精彩演讲,给课程留个纪念的同时希望能够服务校友、回馈母校、服务社会。借此机会,由衷感谢清华大学深圳国际研究生院武晓峰书记、田雅芳老师,课程责任老师顾立基老师和胡建新老师以及参与授课的诸多老师,清华校友总会城乡建设专业委员会常务理事徐勇刚、副秘书长赵迟,深圳清华校友房地产协会副秘书长王俊梅和其他伙伴们!

刘爱明
清华校友总会城乡建设专业委员会副会长
深圳清华校友房地产协会会长
深圳市产城融合促进会会长
中城新产业董事长

前言

中国房地产行业经历了三十多年的快速发展，已经成为民众关注最多、对经济和社会影响最大的支柱型产业之一。中国的房地产业经历了起步、探索、动荡、调整后，开始进入产业升级、行业变革的阶段。房地产行业所覆盖的领域越来越大，边界也越来越模糊。

清华校友总会城乡建设专业委员会（原名清华校友房地产协会）积极响应清华校友总会"服务校友、回馈母校、贡献社会"的号召，协助清华大学研究生院，以"教师+"的模式共同开发了一门全新的行业理论与实践相结合课程，由房地产行业的知名专家与业界校友共同开发讲授，旨在向学生展示房地产行业的全貌，让学生从宏观层面了解房地产行业，熟悉整个产业链和各种业态，从实战案例中整合知识体系，做到融会贯通，同时将行业最前沿的创新与变革成果引入课堂，为学生对房地产行业进行多角度地思辨提供帮助。

经过北京清华园四年的摸索和成功实践，在深圳清华校友房地产协会和清华大学深圳国际研究生院的努力下，"中国房地产发展之路"课程从2018年起由北京复制到深圳，以服务更多的同学和校友。

2018年至今，"中国房地产发展之路"春季学期课程已在清华大学深圳国际研究生院开设五年，是清华大学经济管理学院和清华大学深圳国际研究生院联合培养金融硕士课程（中国金融实务课堂系列课程之一）。这门课程已经从最初的"总结中国房地产发展历程"发展为"深入研究行业未来、引导行业健康成长"。

在2021年12月举行的中央经济工作会议上首次提出房地产要"探索新的发展模式"，明确过去形成的"高负债、高杠杆、高周转"的房地产开发模式不可持续，要探索良性循环和健康发展之路。

"中国房地产发展之路"课程正是在做这样的探索，课程围绕两个维度展开：①房地产行业的发展历程、正在经历的结构性变化以及未来发展方向；②在新的理念、技术和需求等因素的推动下，房地产行业如何进行创新实践。五年来，我们邀请了近100人次的业界专家、校友及创业者，为大家分享行业转型升级与创新发展的独特见解和鲜活案例。课程坚持公益办学，启发式教学，培养独立思考与批判性思维,理论与实践相结合的办学理念。2022年朱恒源教授的第一堂课,用他的"战略节奏"理论模型作了中国房地产行业的回顾与前瞻,还在课后专为同学们进行书面答疑,为本课程教学树立了一个新标杆。本书收编的是课程2022年春季讲师授课的部分课堂笔记。

课程分为绪论、新理念、新策略、新模式、新技术、新价值、新需求、新业态共八个主题,每节课邀请两位业界专家进行主题演讲,之后由授课教师主持互动讨论和进行课程小结,相关课程信息均在"深圳清房协"公众号(往年均同步在"清房协"公众号)发布。课程的主题、课程专题及授课教师见表1(2021—2018年四年课表见表2~表5)。感谢所有授课老师和支持团队的无私奉献!

房地产业是国民经济的支柱行业之一,在百年未有之大变局的当下,在实现满足人民日益增长的美好生活需求、共同富裕、房住不炒、高质量发展和"双碳"目标的基础上,房地产业变革仍在路上,需要更多转型与创新人才。

希望各位读者能够从本书中有所收获、有所感悟,为房地产行业向新模式的转型升级与创新发展贡献一份积极的力量。

2022年春季课表　　　　　　　　　　　　　　　表1

课次	主题	课程专题	授课教师	公司/职位
1	绪论 发展历程与未来方向	经济全球化与高速工业化条件下的中国房地产业:回顾与前瞻	朱恒源	清华大学经济管理学院教授
		国家战略和策略影响下的房地产趋势	宋丁	国家高端智库·中国(深圳)综合开发研究院研究员
2	新理念 绿色低碳与创新发展	系统理解与落实房地产业"双碳"工作	胡建新	广东省低碳发展促进会,原招商蛇口首席绿色低碳官
		"双碳"目标下建筑行业碳减排路径及科技创新思考	林波荣	清华大学建筑学院副院长
3	新策略 地产转型与高质量发展	房地产生态链及房企转型	赵可	招商证券研究发展中心房地产行业首席分析师
		绿色金融促进绿色建筑高质量发展	赵建勋	兴业银行绿色金融项目负责人
4	新模式 住宅市场与城市更新	中国房地产住宅市场分析框架	郝一斌	金地集团副总裁
		珠三角城市更新简介与经典案例分享	伍加健	深圳市润创企业发展有限公司董事长
5	新技术 房地产金融与数字化转型	房地产与金融	邹益民	中国平安保险(集团)股份有限公司投资管理委员会委员
		建筑设计数字化创新	李一帆	品览科技董事长、创始人

续表

课次	主题	课程专题	授课教师	公司/职位
6	新价值 房地产投资基金与案例	公募REITs的机遇和挑战	王刚	北京睿信投资董事长
		房地产产融结合模式案例	余志良	招商蛇口总经理助理
7	新需求 创造美好生活与工作环境	中国健康建筑发展研究	黄俊鹏	友绿智库创始人
		建筑设计创新：源于需求，创造需求	邱江	加拿大 C.P.C. 建筑设计顾问有限公司创始人
8	新业态 资产运营与产业地产	商业地产轻资产运营趋势	唐晓虎	上海久富智本股权投资基金管理有限公司总经理
		投资视角下的产业地产生态分布	刘爱明	中城新产业董事长

2021年春季课表 表2

主题	授课教师	分享主题	职务
地产转型	陈俊	房地产开发关键环节与风险概述	清华大学水利系1988级；深圳清房协秘书长；深圳诚则成房地产管理顾问有限公司董事长
	赵可	房地产生态链及房企转型	招商证券研究发展中心房地产行业主管分析师、董事
城市更新	蒋灿明	白银时代，地产行业纵深发展的探索——城市更新与供应链金融	清华大学土木系1988级；清华校友总会城乡建设专委会副会长；深圳市恒荣实业投资控股有限公司总裁；深圳市恒润置地有限公司董事长
	伍加健	深圳城市更新项目案例分析：从华润中心到华润城	清华大学土木系1991级；深圳市润创投资管理有限公司创始人
地产金融	王刚	公募REITs的机遇和挑战	清华大学经管学院1998级MBA；清华校友总会城乡建设专委会常务副秘书长；北京睿信投资董事长，中国REITs联盟执行会长兼秘书长
	余志良	房地产产融结合模式案例	招商蛇口资产管理中心总经理；招商局置地有限公司（HKEX00978）总经理；招商局商业房托基金（HKEX01503）非执行董事及投资委员会主席
地产科技	刘洪玉	房地产科技	清华大学土木系1980级；清华校友房地产协会会长；清华大学建设管理系教授、博导；房地产研究所所长
	王抒	未来智慧健康生活	清华大学建筑学院2009级；现任中海地产总部产品研发中心研发总监
	何宛余	人工智能技术在地产投研的应用与创新	小库科技创始人/CEO；香港大学建筑学院兼职教授；美国FIU人工智能与空间建筑方向在读博士

续表

主题	授课教师	分享主题	职务
地产投资	邹益民	房地产与金融	中国平安保险(集团)股份有限公司集团执行委员会委员及平安不动产有限公司董事长兼CEO
地产投资	郝一斌	中国房地产住宅市场分析框架	清华大学土木系1990级;金地集团副总裁、东北区域公司董事长;金地开发管理公司董事长;金地集团投资与运营管理部总经理
健康养老	刘淑琴	养老事业与养老社区	泰康健投高级顾问;先后任泰康之家养老社区事业部总经理、泰康健投高级副总裁兼首席市场官
健康养老	戴玲梅	健康建筑实践分享与展望	清华大学建筑系1991级;国深控股集团设计研发部总经理
数字地产	戴戈樱	房地产数字化营销	清华大学水利系1987级;华发股份副总裁兼首席运营官、首席营销官
数字地产	喻霖康	资本市场驱动下的轻资产发展新趋势	华润万象生活有限公司执行董事兼总裁
创新发展	陈劲松	灰犀牛剧变-未来趋势与空间	深圳世联行集团股份有限公司联席董事长、创始人
创新发展	王晞	中国房地产发展的丛林法则和转型进化机遇	广东珠江投资集团总裁;曾任仁恒置地执行总裁;招商蛇口副总经理兼华东区域总经理

2020年春季课表　　　　　表3

课次	课程专题	授课教师	公司/职位
1	第一次网络答疑(第一次课——对应学堂在线第一、二章;第二次课——对应学堂在线第三、四章)	顾立基	兼职教授/高级经济师;博时基金独立董事;原清华大学深圳研究生院特聘教授(2016—2018年);原中国平安保险(集团)股份有限公司监事会主席
1	第一次网络答疑(第一次课——对应学堂在线第一、二章;第二次课——对应学堂在线第三、四章)	胡建新	教授级高级工程师;清华大学深圳研究生院兼职教授;招商启航创业导师;原招商蛇口首席绿色低碳官;曾任招商地产副总经理;香港招商局地产集团副总经理
1	第一次网络答疑(第一次课——对应学堂在线第一、二章;第二次课——对应学堂在线第三、四章)	宋海	清华校友房地产协会副会长;泰国城市地产集团高级副总裁;上海盘谷房地产有限公司总经理
1	第一次网络答疑(第一次课——对应学堂在线第一、二章;第二次课——对应学堂在线第三、四章)	刘爱明	清华校友房地产协会副会长;深圳清华房地产协会会长;中城新产业董事长;深圳市房地产投资协会会长;清华大学X-lab未来生活创新中心主任
1	第一次网络答疑(第一次课——对应学堂在线第一、二章;第二次课——对应学堂在线第三、四章)	张雪舟	清华大学材料系1987级;清华校友房地产协会秘书长;全联房地产商会副会长

续表

课次	课程专题	授课教师	公司/职位
2	第二次网络答疑（第三次课——对应学堂在线第七章；第四次课——对应学堂在线第八章）	顾立基	兼职教授/高级经济师；博时基金独立董事；原清华大学深圳研究生院特聘教授(2016—2018)；原中国平安保险(集团)股份有限公司监事会主席
		胡建新	教授级高级工程师；清华大学深圳研究生院兼职教授；招商启航创业导师；原招商蛇口首席绿色低碳官；曾任招商地产副总经理；香港招商局地产集团副总经理
		孔小凯	清华校友房地产协会副会长；华润置地有限公司高级副总裁兼华南大区总经理
		陈俊	清华大学水利系1988级；深圳清房协秘书长；清华校友总会城乡建设专委会常务理事；深圳诚则成房地产管理顾问有限公司董事长
		王刚	北京睿信投资董事长；中国REITs联盟秘书长
		张雪舟	清华大学材料系1987级；清华校友房地产协会秘书长；全联房地产商会副会长
		李星幻	清华经管学院2000 IMBA；注册金融分析师CFA；国寿投资不动产投资部副总经理
3	创新与企业转型	沈拓	清华大学2001级MBA；企业战略顾问及创新教练；清华X-lab未来生活创新中心创始人
	如何用科技颠覆传统办公	王晓鲁	清华热能系2000级；法国工程师学院MBA；梦想家创始人、CEO
4	房地产与金融	邹益民	复旦大学金融专业博士学位；平安不动产有限公司董事长兼CEO；曾任珠江船务有限公司副主席
	中国房地产住宅市场分析框架	郝一斌	清华大学土木系1990级；金地集团副总裁；金地开发管理公司董事长
5	房企未来十年——"大洗牌"时代	赵可	招商证券与清华大学联合培养应用经济博士后；招商证券研究发展中心房地产行业主管分析师、董事
	房地产产融结合模式案例	余志良	香港中文大学与清华深圳研究生院金融财务MBA；厦门大学会计专业；招商蛇口资产管理中心总经理
6	城市更新已成为房地产行业发展新风口	蒋灿明	深圳市恒荣实业投资控股有限公司总裁；深圳市恒润置地有限公司董事长；清华房协副会长
	深圳城市更新项目案例分享：从华润中心到华润城	伍加健	清华大学土木系1991级；2017年创办深圳市润创投资管理有限公司；曾任华润置地华南大区助理总经理

2019 年春季课表   **表 4**

课次	主题	课程专题	授课教师	公司/职位
1	激荡四十年	中国房地产行业40年回顾与反思	刘洪玉	清华校友房地产协会会长;清华大学土木学院建筑管理系教授、博导
			朱恒源教授主持对话环节,胡建新、宋海、刘爱明、孔小凯、张雪舟、郝一斌参加	
2	新模式	新技术对房地产行业带来的机遇与挑战	王永	猫酷科技创始人;清华大学2001级MBA/CFA
			沈拓	清华大学2001级MBA;企业战略顾问及创新教练;清华X-lab未来生活创新中心创始人
3	深圳特色	招商蛇口区域的建设与运营	刘伟	招商局蛇口工业区控股股份有限公司党委副书记、董事
4	深圳特色	华侨城区的建设与运营	冯辉	华侨城华南集团副总经理
5	新需求	智能建筑与健康建筑	张雪舟	全联房地产商会副会长;清华校友房地产协会秘书长
			孔鹏	清华大学可持续住区研究中心主任;原旭辉集团副总裁
6	新城市	城市升级和旧城改造	常凌峰	香港置地集团公司中国物业发展及投资执行董事
7	深圳特色	深圳湾区域的建设与运营	蒋慕川	华润置地有限公司华南大区总经理
8	新视角	金融视角下的房地产行业	贺臻	深圳清华大学研究院副院长;力合科创集团总裁

2018 年春季课表   **表 5**

课次	主题	课程专题	授课教师	公司/职位
1	产业地产	产业升级下的新机会	刘爱明	清华校友房地产协会副会长;深圳清华房地产协会会长;中城新产业创始人、董事长
			刘新宇	深圳市投控东海投资有限公司董事长
2	商业地产	互联网冲击下的新模式	孔小凯	清华校友房地产协会副会长;华润置地有限公司高级副总裁兼华南大区总经理
			王永	猫酷科技创始人;清华2001MBA/CFA
3	文旅地产	消费升级下的新业态	刘力	清华校友房地产协会副会长;洲联集团·五合国际(5+1Werkhart)总建筑师
			宋海	清华校友房地产协会副会长;清华上海房地产校友会会长;泰国城市地产集团高级副总裁;上海盘古房地产总经理

房地产行业发展与创新实践

续表

课次	主题	课程专题	授课教师	公司/职位
4	地产产业链	行业转型下的新生意	高宇	明源集团创始人、董事长
			俞涛	清华校友房地产协会常务理事
5	工业化建造	技术革新带来的新生产方式	方鸿强	杭萧钢构股份有限公司副总裁
			向宠	品宅装饰科技创始人兼首席执行官
6	租赁的生意	城市更新带来的新收益模型	杨现领	佳兆业集团战略研究院经济学院院长
			刘策	链家集团副总裁;链家研究院院长
7	内容和协同	大众创新孕育出的办公新生态	伍雷	清华校友房地产协会理事;北京道朴文化创始人、董事长兼CEO
			张剑	清华校友房地产协会理事;纳什空间创始人、CEO
8	房地产金融	下半场格局下的挑战与创新	李万明	清华校友房地产协会常务理事;盛世神州总裁
			马宁	领飒资本创始合伙人

目录

第一章 绪论 发展历程与未来方向 / 1

朱恒源 经济全球化与高速工业化条件下的中国房地产业：
回顾与前瞻 / 2

宋 丁 国家战略和策略影响下的房地产趋势 / 13

第二章 新理念 绿色低碳与创新发展 / 21

胡建新 系统理解与落实房地产业"双碳"工作 / 22

林波荣 "双碳"目标下建筑行业碳减排路径及科技创新思考 / 43

第三章 新策略 地产转型与高质量发展 / 57

赵 可 房地产生态链及房企转型 / 58

赵建勋 绿色金融促进绿色建筑高质量发展 / 72

第四章 新模式 住宅市场与城市更新 / 83

伍加健 珠三角城市更新简介与经典案例分享 / 84

第五章 新技术 房地产金融与数字化转型 / 103

邹益民 房地产与金融 / 104

李一帆 建筑设计数字化创新 / 129

第六章 新价值 房地产投资基金与案例 / 145

王 刚 公募REITs的机遇和挑战 / 146

第七章 新需求 创造美好生活与工作环境 / 169

黄俊鹏 中国健康建筑发展研究 / 170

邱 江 建筑设计创新：源于需求，创造需求 / 189

第八章 新业态 资产运营与产业地产 / 205

唐晓虎 商业地产轻资产运营趋势 / 206

刘爱明 投资视角下的产业地产生态分布 / 225

第一章

绪论
发展历程与未来方向

经济全球化与高速工业化条件下的中国房地产业：回顾与前瞻

朱恒源

一、PRE-M 模型简介

本次课程主要采用战略节奏理论的 PRE-M 模型（产品市场—资源市场—股权市场模型）对房地产行业进行分析。按照 PRE-M 模型（图1），一个产业由三个市场构成，它们分别是产品市场、资源市场和股权市场。具体来说，在产品市场上，产品按照一定的节奏被用户接受，不同阶段的市场对应形成差异化新增客户，相应的产品市场逐步发展；在资源市场上，包含产品价值链上不同环节的企业，他们拥有为满足产品市场用户需求的各类生产资料和资源，以上下游交易的形式形成了产业价值链；在股权市场上，产业内企业的发展会吸引各类利益相关方参与，带动行业各个价值链上各类企业的股权投资发展。这三个市场相互关联、相互影响，在整个社会的经济金融环境里运行。产业的发展受到宏观经济金融环境的影响，同时产业发展的结果也会影响宏观经济金融环境。

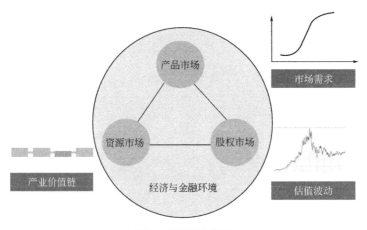

图 1　PRE-M 模型

作者简介：朱恒源，清华大学机械工程系 1986 级校友，清华大学经济管理学院教授，战略节奏理论共同创立者。

按照这一框架,一个产业的发展变化可以用产品市场需求的结构性变化来追踪,其基本形态表现为一条"S"形的需求变化曲线,会经历线性和非线性交替发展的过程。随着需求结构的变化,资源市场需要相应的供给端变化与之适应,导致产业价值链的各个环节发生变化,一些供需不平衡的环节成为结构洞。资源市场的不平衡最终反映到股权市场上,引起相应企业股价的波动,调节利益相关者进入/退出市场,来动态适应产品市场的需求变化。

就房地产行业而言,产品市场体现了这个行业的民生特征,"房子是用来住的",房地产行业建设和运营的空间为广大人民群众提供了居住、消费和工作等场所,人人需要;在资源市场则体现了其产业特征:房地产行业价值链长,对建材、家电等其他产业的带动性强,是国民经济的支柱产业之一;房地产行业还有金融特征,产业的各个价值链环节在融资和投资上都可以充分地金融化。

二、中国房地产业的基本特征

下面我们用 PRE-M 模型来分析房地产行业的发展。

对需求端而言,房地产满足人们安居乐业的基本需求、为人民安居乐业提供空间(图2)。住宅地产为居民的生活需求提供居住空间,产业地产提供办公室或者工厂等人们生产就业的空间,消费地产(包括商业地产、旅游地产等)为人们日常休闲需求提供消费和娱乐场所。这种基础需求是每个人都需要的,可以称之为基础需求。

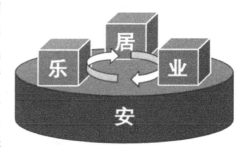

图 2 安居乐业模型

在此基础上房地产还可以是投资置业工具。由于房地产具有抵御经济波动的作用,在古今中外被广泛作为一个投资置业的工具。这种现象存在已久,明清时期乔家大院就是走西口的商人在口外经商致富以后,返乡投资不动产建造的。在过去三十年高速发展中,一部分有余钱的居民,把他们的财富放在了投资房产上,一些投资的是住宅,还有一些投资的是商铺或者商办公寓,这种需求是建立在基础需求之上的,也不是人人都需要,因此可以称之为房地产行业的"次生需求"。

在资源市场方面,房地产行业具有典型的产业特征。

房地产行业本身价值链就比较长,房地产项目的实施都有投资、开发、建设、销售和运营等环节。具体来说就是房地产开发企业投资拿地以后,建筑公司进行施工,职业化的团队来进行销售,在空间使用过程中由专业的物业团队负责后期的日常维护运营。由于房地产价值链条长，涉及环节众多，本身就有巨大的经济容量，再加上房地产业能带动建材、钢铁等基础产业的发展，以及推动诸如家电、纺织、办公用品等其他消费品产业，所以对经济发展的带动性高，影响面广，逐步发展为国民经济的支柱性行业之一。

中国房地产业虽然按照最终用途，可以分为住宅地产（主要满足"居"的需求）、消费类地产（如商业地产、旅游地产等，主要满足"乐"的需求），以及产业地产（主要满足"业"的需求）三类，房地产市场的"居""乐""业"三条价值链对应不同的空间需求，构建了中国房地产市场的三个循环。

在上述三个循环中，土地本身是同质化的，同时"居""乐""业"三大类物业在设计和建造也有诸多共通之处。那么，为何我们说此三者构建了三条不同的价值链，而非同一价值链呢？这主要是由我国的土地制度决定的。

我国的城市建设用地在管理上有三条原则：土地国有、用途管制及市场化获取。基于上述土地用途分类管制的原则，我国不同类型的土地和物业在实践中形成了差异化的定价水平，导致"居""乐""业"三类用地呈现显著不同的价格水平：商业地价相对较低，工业地价极低甚至为负，而住宅持续保持高地价（图3）。

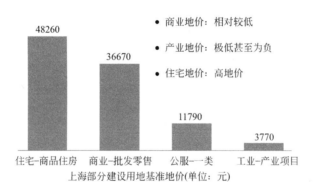

图3 上海部分建设用地基准地价

围绕土地这同一种资源，住宅地产、商业地产和产业地产在地价方面的明显差异，是我国房地产行业的一个重要的特点，这一特点决定了我国房地产行业的基本产业形态，而且与我国过去30年经济的高速工业化和深度全球化密切相关。

在股权市场方面，从需求端到价值链端的每一个环节都能够以不同的方式进行融资，这就形成了房地产行业的发展可以普遍利用金融系统提供的财务杠杆来发展的局面。

在需求端，通过抵押贷款购房已成为全社会的普遍行为，最终使得个贷余额形成接近社会商品销售总额的巨大存量。在2015年时，全国商品房销售总额占广义消费总额（社零总额＋商品房销售总额）的比重约为22%，到2020年底这一比重已经上升至30%;最近两年,新增房地产贷款占全部新增贷款的比重超过40%,商业银行近乎半数的信贷资源都流向了房地产;若加上公积金贷款,新增贷款中用于房贷的比例将达到50%左右。社消总额与个贷余额变化趋势如图4所示。

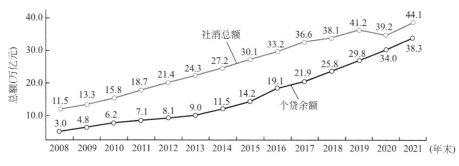

图4 社消总额与个贷余额变化趋势

在资源价值链端方面,房企从拿地到开发建设,然后到销售,甚至到运营,价值链上每一个环节都可以金融化。一方面,房地产各环节企业大量上市;另一方面,在银行的全部贷款中,房地产相关贷款占比最高,最终使得房地产行业呈现过度金融化的特征。

三、中国房地产发展的历史背景

在过去几十年的改革发展过程中,中国逐步发展为全球最大的制造业中心,快速融入全球市场,并实现了高速工业化:从1984年左右开始的以"三来一补"为代表的低端制造业到现在的具有高附加值的高端制造的变化。现阶段的工业发展成果表明:我国的经济发展实现了高速工业化。与此同时,我国经济参与全球化的程度也在持续深入,我国进出口额和GDP占全球的比重快速持续提升(图5)。

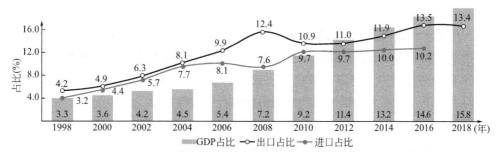

图5 GDP与进出口额占全球比重变化趋势

对于任何一个后发经济体而言，其工业化的巨大挑战之一，是如何为工业化筹集资本投入，像中国这样 14 亿人口的大经济体，要快速完成高质量工业化，其挑战更大。这不得不提到我国产业用地和住宅用地的地价剪刀差。中国是一个有极强储蓄传统的东亚文化国家，通过住宅地产的高地价获得的住宅土地出让收入，成为各地政府基础设施建设的重要资金来源，从早期的高铁、机场、城际轨道和高速公路，到现在的大数据中心、人工智能、工业互联网等基础设施的建设，进一步支持了我国的高速、高质量的工业化发展；另一方面，工业用地低地价使得我国制造业在全球持续保持价格竞争力，从而成为全球制造业基地，融入经济全球化。正如峰瑞资本李丰在图 6 中所展示的，从生产链条、物流网络到信息调度，高水平的基础设施使我国的产业效率壁垒很难被打破。这样导致的结果就是中国制造业在全球的比重快速上升，甚至在新冠肺炎疫情的特定背景下进一步加强。

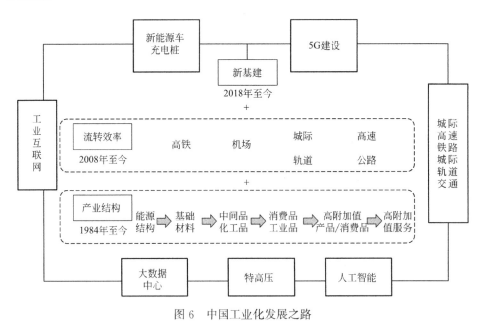

图 6　中国工业化发展之路

房地产在我国经济全球化发展中也扮演了重要角色。我国的经济全球化不仅是指制造和贸易环节的全球化，也包含金融市场等在内的全方位全球化。例如在 2008 年金融危机中，美国的量化宽松政策对我国的经济发展形成严重冲击。在当时背景下，政府大规模增加政府支出和实行结构性减税，两年新增 4 万亿元的投资计划（后续还有一些追加投资，有估计说近 20 万亿元），这样的大规模投资虽说是应对全球金融危机不得已而为之，然则整个经济体系中大规模增加的流动性，需要市场中有资产来吸收。我国适时调整房地产政策，使得房地产成为居民部门新增收入的吸水海绵。最终实现了在 M2 大规模宽松的背景下,并没有出现大规模恶性通货膨胀,保持了宏观经济的稳定。

经济全球化与高速工业化,与房地产业形成了双向互动,在这个过程中,房地产行业的发展,既为中国经济的工业化筹措了资本,同时客观上也锁定了经济系统的一部分流动性。这是中国房地产过去 30 年发展的一个重要背景。

四、中国房地产行业的发展阶段

从上述视角来看,我们可以把房地产分为三个阶段。

第一阶段:1998—2008 年

这一阶段,房地产市场总体上以满足居住改善需求为基础。在 1998 年之前,我国人均住房面积明显较小,人民群众对于住房改善有着迫切的需求。经济发展带来了人口的跨区域流动和重新分配,我国城市人口快速增长,解决新市民的住宅问题的同时也带来了房地产业的自然增长。1998 年以后房地产行业走向市场化,压抑的住房需求被释放,带动了整个产业链的发展,初步改善了中国老百姓的居住水平。

这一阶段,房地产还扮演了带动产业发展的作用。房地产由于可以带动家具、电器等相关行业的蓬勃发展,带动钢铁、水泥等产业链增长,进而带动传统产业发展和整个经济的发展。再加上上述工业地价剪刀差和基础设施改善等原因,带动我国在加入 WTO 后"中国制造"规模快速扩张,房地产某种意义上说成为我国缓解 1998 年金融危机对中国经济的冲击采取的重要手段。

这一阶段,房地产行业相关的金融工具得到发展,到 2006 年时已发展到了相当的水平。到 2005 年、2006 年时,随着刚性市场需求被满足,整个房地产行业的发展回稳趋缓。

第二阶段:2008—2016 年

2008 年,世界金融危机爆发。为了继续保持经济的发展,国家通过"四万亿"等形式对经济发展体系增添更多的流动性。政府加大了对基建领域和房地产行业的投资力度,导致的直接结果就是基础设施得到大规模的优化,改善后的基础设施促进了我国的现代产业发展。

在快速工业化大潮下,新产业门类层出不穷。运用住宅卖地收入支持产业地产和产业基础设施建设的地方,在日益竞争激烈的新产业招商中脱颖而出,带来区域产业格局重塑。但与此同时,在各地的产业发展竞争中,竞相拉高地价、鼓励竞争拿地,住宅与产业的地价剪刀差越来越大,住宅价格持续快速上涨。居民部门收入增长推动投资性需求,进一步催生住宅价格上涨。整个市场的金融化加深,我国的居民杠杆率在此期间迅速攀升,杠杆率从 2008 年不到 20% 攀升至

2016年超过40%，到后期逐渐对消费形成挤出效应。由于房价飙升过快，影响到了实体经济的发展，例如期间一些科技企业搬离热点城市的新闻成为社会焦点。同时，这种低地价招商的发展模式还导致一些地方形成众多低效产业园区。

从图7可以看出，从2012年到2021年的社会零售实际增速整体趋于下滑，居民贷款存量/城镇居民收入整体在不断增长，由于居民背负着较大的房贷压力，个人可支配收入出现下滑，降低了居民的消费意愿。对中国这样一个人均GDP刚刚迈向高等收入门槛的经济体，消费在"经济的三驾马车"中应该有越来越重要的分量，而现有的房地产发展模式，特别是高住宅价格的现状，一定程度上制约了中国的消费增长和中国经济的转型升级。

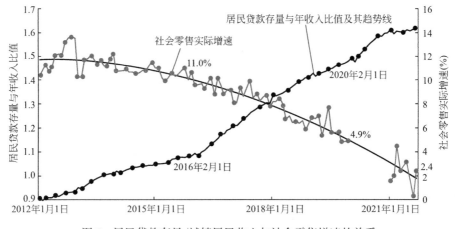

图7　居民贷款存量/城镇居民收入与社会零售增速的关系

在商业地产方面，为了引导和应对消费升级，商业地产领域涌现出一批品牌购物中心，如大悦城、万象城等。与此同时，伴随着电子商务发展对实体消费带来的冲击，除体验性消费外的物品类消费逐步转移到在线渠道，不再依赖人流的物理聚集，而是一部分转到网络空间，这对消费类地产的发展带来了新的挑战。

第三阶段：2016年以来

2016年以来，我国房地产行业的发展进入了第三个阶段。一方面，住宅总体数量不少，城镇居民户均1.18套，人均居住面积近37m²，尽管在部分人口流入较多的区域，住宅供应仍旧有所紧张，各线城市呈现不同的特征，但就满足广大居民居住的基础需求而言，房子已经不缺了（图8）。还有一些房子被居民当作投资置业的标的，有调查表明约两成的城镇居民家庭有不止一套房。另一方面，高房价对新进入购房群体的年轻人带来了很大的压力，供房的支出会挤压他们的消费，造成社会消费增长缓慢。

此外，社会上产生的对房子投资的次生需求也在推高房价，从而挤压对住宅

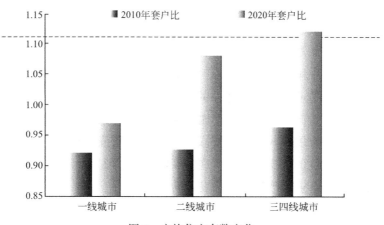

图 8　户均住宅套数变化

的基础需求。中国城市的租金收益率相对全球其他市场过低（表1），一方面说明房价相对于真实居住需求而言过高；另一方面，也使得投资购房不一定有利可图。此外，租金房价比值较低，租金回报过低，甚至低于融资成本，仅靠租金收入难以支持住房投资，通过炒房来获取高额利润不仅不现实，有时甚至蕴藏较大风险。

2020 年全球代表性城市租金收益率排名（前10 和后10）　　　表1

排名	城市	租金收益率(%)	排名	城市	租金收益率(%)
1	休斯敦	11.9	71	武汉	1.9
2	约翰内斯堡	10.5	72	南京	1.7
3	迪拜	9.8	73	香港	1.7
4	费城	9.1	74	北京	1.7
5	迈阿密	9.0	75	杭州	1.5
6	芝加哥	8.5	76	广州	1.5
7	华盛顿	7.6	77	天津	1.4
8	圣地亚哥	7.4	78	深圳	1.3
9	基辅	7.0	79	首尔	1.3
10	开普敦	7.0	80	台北	1.2

资料来源：NUMBEO，上海易居房地产研究院

在消费领域，如果按照社会商品零售总额的口径，中国已经是全球规模数一数二的消费市场。但现有的最终消费率为55%左右，还有提升的空间；同时，

中国居民的消费还有升级的需求，这就需要通过进一步的改革，释放居民的消费潜力。另外，随着数字经济的发展，消费的形态也在发生变化，这些都为消费类地产（商业服务、旅游休闲等）的发展带来了新的机会。

在产业领域，中国经济在过去30年高速发展，制造业的发展功不可没。但从全球看，中国制造业占全球制造业的比重已近三成，进一步扩展的空间不大。我们正在从传统制造向高科技、高附加值制造转型的过程中，同时也在探索新的绿色、低碳的经济发展模式，这就要求我们探索产业范式转型，找到一些新的、有引领性的、带动性的新支柱产业。这些探索一旦成形，并形成空间上的产业聚集，就会给中国的产业地产带来新的发展动力。

回顾了产业逻辑以后，我们再看近年来资本市场的一些变化。我们挑选出六家具有代表性的企业来分析市盈率的变化（表2），作为产业链下游建筑公司代表的中国建筑市盈率持续处于低位但较为稳定；作为物业服务类公司和咨询服务类轻资产公司的碧桂园服务和世联行市盈率水平最高，作为产业地产类代表的张江高科次之；以住宅开发为主业的万科集团市盈率近年来一直处于市场稳定位置，作为商业地产代表的太古地产市盈率波动较大。总体上来说，随着房地产市场的模式转变，仅仅依赖"地票""银票"等资源来进行规模扩张的企业，逐渐回归到正常的估值水平。而相对而言，对于物业管理、产业发展等能围绕安居乐业等需求进行空间运营、进行价值创造的企业，越来越受到投资者的青睐。

六家代表性企业市盈率变化 表2

年份	万科（A股）	中国建筑（A股）	世联行（A股）	太古地产（港股）	碧桂园服务（港股）	张江高科（A股）
2001	22.15					49.34
2002	17.48					55.24
2003	16.43					43.63
2004	16.86					55.26
2005	11					33.6
2006	17.4					31.9
2007	61.99					75.74
2008	29.64					38.7
2009	26.05					38.67
2010	17.36	13.51	35.25			24.27

续表

年份	万科 （A股）	中国建筑 （A股）	世联行 （A股）	太古地产 （港股）	碧桂园服务 （港股）	张江高科 （A股）
2011	12.64	10.75	24.36			100.19
2012	9.77	7.08	47.64	6.36		105.56
2013	8.84	6.31	29.32	8.42		27.39
2014	6.45	4.73	24.54	10.71		31.8
2015	10.4	9.14	63.57	13.21		66.64
2016	14.55	6.87	32.37	10.19		56.13
2017	12.17	9.14	25.09	9.14		39.11
2018	11.91	7.49	16.6	4.98	40.15	34.14
2019	9.27	6.38	31.27	5.85	52.03	56.69
2020	8.27	5.33	63.37	14.29	56.27	35.6
2021	7.11	4.32	45.62	27.89	60.65	16.28

展望未来，我们应靠产业发展寻找新的支柱产业，提高整个社会的收入水平，逐渐降低杠杆率。一方面，通过控制房价涨幅，消除过度金融化；另一方面，推动产业范式变迁，打造新的支柱产业，持续提高居民工资收入，以时间换空间。伴随着我国的产业转型升级日益深化，以传统制造为典型代表的原有主导行业出现增长见顶的现象，而以数字智能、低碳环保为典型代表的新发展引擎仍旧在探索之中，尚未形成替代性产能。未来我们将探索新兴产业，在提供更多就业机会的情况下，使居民收入能得到提高，这样可以使得居民的租金和房贷负担得到较大程度缓解，消费也能得到较大促进，商业地产能得到发展，最终实现不同地产门类的平衡发展，促进安居乐业的新循环形成。

综上所述，我国的房地产行业是一个由安、居、乐、业四大功能组成的大循环，其中"安"为市场提供基础条件，"居、乐、业"构成房地产市场，此三者形成"一种土地、三个市场"的局面，三条价值链彼此联动。在过去20多年的市场发展中，"居"的高地价为"业"的快速发展提供了支持，同时"居"在不同发展时期承担了"支柱产业""消费发动机"和"流动性海绵"的角色。当前，该市场的核心问题是"居"的过度扩张挤压了"乐"消费空间，造成了不平衡。国家通过"房住不炒"调整"居"，促进"乐"和"业"发展，推动未来的房地产市场整体回归平衡状态。

我们从产业的角度,运用战略节奏理论中的 PRE-M 分析框架(图 9),对中国房地产行业的发展进行了一些分析,供大家参考,请大家批评指正。

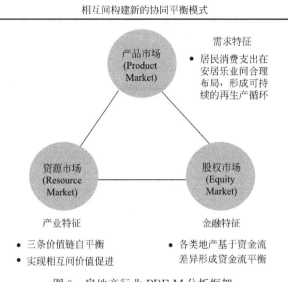

图 9　房地产行业 PRE-M 分析框架

(本文由清华大学经管学院 2019 级 MBA 学生张朝峰基于本次讲课内容及焦点研究院整理初稿修订而成。)

国家战略和策略影响下的房地产趋势

宋 丁

一、透过近期房地产走势辨识国家战略和策略

2021年中国GDP增速为8.1%，在全世界是最快的，但看似靓丽的数据背后是逐季快速下滑的基本形势，一季度到四季度GDP增速分别为18.3%、7.9%、4.9%和4.0%，2020年、2021年两年平均GDP增速大约为5.1%，相比西方国家仍有优势，但相比中国前几年数据创下新低，经济下行压力很大。

房地产行业在2021年的经济下行的压力中扮演了非常重要的角色。2020年，中国控制新冠肺炎疫情效果非常出色，而西方一片惨淡，所以在2021年年初，人们感觉中国的经济是没有问题的。一些高调的或者是乐观的情绪出现，国家就收紧了对房地产行业的政策。而在严厉的调控政策下，2021年下半年房地产整体下行情况加剧，具体表现在十几家百强房企的资金出现很大问题，甚至"爆雷"。全国有超过八成的百强房企业绩同比降低，多个明星房企股票价格和债券价格直接腰斩，许多城市持续出现土地流拍现象。与此同时，开发投资增速同比下降5%，2020年10月，房屋新开工与竣工面积同比下降了33%和21%。开发投资累计同比增速收窄至7.2%，新房销售规模同比降幅扩大至22%，2020年10月70个大中城市新建住宅价格环比下跌0.2%。此外，2021年10月全国人民代表大会常务委员会授权国务院在部分地区开展房地产税改革试点工作，加重了下行预期。

每年到了四季度，通常要计划保持全国经济的综合平衡。在上述房地产下行压力巨大，整体经济亦出现增速放缓的情势下，房地产特征又被提出。发改委明确表示，房地产仍然是支柱产业之一。从数据上看，2020年中国房地产业增加值占GDP比重为7.3%，带动产业链占GDP比重为9.9%；土地出让金及房地产专项税占地方财政收入比重为37.6%；城市居民的总资产中住房资产占比高达66.6%；房地产上下游产业链涉及五六十个产业，涉及直接就业人口1500万人，间接就业人口7000万人；房地产及建筑等相关行业占经济总产出的1/3。由

作者简介：宋丁，国际著名学者费孝通教授首届研究生，国家高端智库·中国（深圳）综合开发研究院研究员。

此可见，中国房地产在中国整体经济发展中具有非常重要的支撑作用。

因此，市场出现了"房地产形势会不会逆转"的声音。自2021年10月以来，政策面出现防止房地产硬着陆动向。于是，央行决定自2021年12月15日起全面降准0.5%，释放1.2万亿元长期流动性资金。尽管从数据上看，1年期LPR为3.70%，较上期下降10个基点；5年期以上LPR为4.6%，较上期下降5个基点，虽然下降得不多，但象征意义非常大。与此同时，全国几十个城市发布"限跌令"。2021年11月，30个大中城市商品房成交量开始回温。在这种缓和松动的氛围下，有观点认为房地产形势正在发生改变。

然而，2021年12月的中央经济工作会议再次发声，坚持房住不炒的基本方针。阶段性政策可松可紧，但房住不炒不会改变。中国房地产会严防死守不发生系统性金融危机的底线。但风险常在，近期PPI、CPI涨幅都很高，此刻放松银根的压力仍是很大的。因此，合理松动和强化调控都是房地产的阶段性策略，稳地价、稳房价、稳预期的"三稳政策"是房地产的长期策略。房地产以及国民经济长期平稳健康发展才是国家战略。在此关系下，即便从2021年10月以来，房地产行业逐步回暖，并不意味着我国经济从坚持科技发展转回到房地产驱动发展。任何影响长期稳健发展的所谓逆转都不存在。

保持房地产长期稳健发展的背后，是中国面临百年未有之大变局的机遇，是构建国内大循环、内外双循环的经济新模式，是国民经济实现高质量转型升级的国家布局。这是更深刻的国家经济社会发展战略。当前，中国面临需求收缩、供给冲击和预期转弱的三重压力，应通过积极的财政政策和稳健的货币政策合理保持经济的活跃度。但要为资本设置"红绿灯"，利用债务扩张和杠杆炒作产生的房地产高速增长模式不可为继，这正是坚持房住不炒和长期稳健发展方针的深刻背景。

近期国家有关会议和文件中提到一个重要观点：不将房地产作为短期刺激经济的重要手段。对于此观点，笔者的解读为：从既往二十多年国家宏观经济发展的历程来看，房地产从来就没有作为短期刺激经济的手段，而一直是作为长期刺激经济的手段。每当国家经济遇到重大困境，影响就业和发展时，房地产的底盘支撑和快速投资拉动的属性就会凸显，可以迅速地把整体经济稳定在一个必要水平。所以，房地产既是国家的支柱性产业之一，又是一种特殊的、可以稳定国民经济的基础性手段。因此，没有必要去刻意规避和贬低房地产业的这种特殊功能。但是，房地产"支柱"是底盘概念不是领军概念，不能把房地产的基础和支柱属性夸大为核心或领军属性。领军的是高科技研发，这是不能够替代的。当然，更不能纵容房地产把投资属性转化为投机属性。

二、中国房地产面临的基础困局

中国房地产面临的基础困局最直观的表现是房价暴涨,而深层问题则为债务危机。深入来看,这一问题的产生背景是,20世纪90年代后期住房制度的市场化、货币化改革,由政府主导的福利分房制度转向市场化租购。其中,形成困局的三大诱因为:20世纪90年代中期的分税制拉开了土地财政序幕;2002—2003年全国正式推出招拍挂制度推动地价不断上涨;M2不断增发大量流动性违规进入房地产。

从最直观的房价暴涨方面看,房价持续快速上涨,局部时段地段暴涨。1998年全国平均房价2000元,2020年全国平均房价10000元,平均房价上涨5倍。北京、上海、深圳平均房价60000元,局部地段、学区房等高达30万元。而同期国民经济增长情况是,2000年中国国内生产总值超过10万亿元,2020年中国国内生产总值超过100万亿元,平均上升10倍。2000年全国财政收入1.34万亿元,2020年全国财政收入18.3万亿元,增长13.7倍。全国土地出让金收入增长最快,1998年住房货币化改革收入507.7亿元,2003年土地招拍挂收入5421亿元,2020年300城59827亿元,是1998年的117.8倍,2003年的11.04倍。人均可支配收入方面,2000年全国城镇人均可支配收入6280元,2020年则为43834元,涨幅为7倍。看似人均收入涨幅跑赢了房价涨幅,但由于统计数值为全国平均数,而目前中国90%的人月收入在5000元以下,62%的人月收入在2000元以下,因此平均下的数据也让人无法高兴起来,仍有太多人买不起房。二十年来,国家经济增长中的利益分化严重,国家所得和企业留成偏高,民众分配偏低,反映贫富分化现象的基尼系数最高接近0.5。反映到房地产领域,就是土地和房产资源配置不合理,炒房、加杠杆、暴利、虚拟经济盛行。

对此,笔者提出六大利益攸关方。

第一,地方政府。实行分税制后,中央把土地财政收益权落到地方,土地财政成为二十多年来地方政府最大利益所在,各地土地储备中心从农村收地是行政指令,价格极低。而土地拍卖则是价高者得,差价获利空间极大。

第二,开发商。其一是千方百计从低价拿地中获利;其二是延迟土地开发静待地价上涨;其三是在开发中尽量控制成本(包括部分偷工减料);其四是进行销售提价、控制销售节奏、捂盘等。

第三,金融机构。多年来,中国房地产困局之加速器在于流动性,银行做过压力测试,房价下跌40%银行基本能承受。而相比之下,房贷是所有贷款品种中最安全的选项。二三十年来中国M2的超发现象和房地产吞食能力直接相关。

第四，中介机构。不良中介编造、夸大虚假信息，制造紧张气氛诱导买卖双方加速成交，利用信息不对称优势扩大中间利差，甚至勾结投资者以非法集资等方式炒房。

第五，投机者。二十多年来，一路高亢前行的中国房地产吸引了一大批职业性的投机炒房者。他们利用金融业的漏洞，通过经营贷、影子银行、高利贷等方式，疯狂、反复地加杠杆，高负债助推房价不断攀高，从中获取不当甚至非法暴利。

第六，一般投资者。在中国房地产疾风暴雨式的发展中，大量普通消费者被楼市的巨大利益所吸引，不自觉地卷入房地产投资炒作的洪流中，成为中国房地产投资最广大的基础层，导致房地产偏离了居住第一的属性。在全国形成普遍性投资热点，连三四五线城市都曾经出现由投资到炒房的风潮，一二线城市更是成为全民投资和炒房的重灾区。

在上述六大利益攸关方相互作用下，中国房地产在过去二十多年中形成了一个不断攀升的投资、投机浪潮，房地产成为全民性的关注热点。房地产市值也一路暴增到惊人的 400 多万亿元的地高度，是中国一般货币发行量 M2 的 2 倍，GDP 的 4 倍。房价也上升到新高度，多个重点城市房价收入比远高于国际警戒线。

而这背后隐藏着更深层的问题，即债务危机。地方政府、企业、民众普遍举债。尽管总体负债率尚且低于《马斯特里赫特条约》规定的 60% 的风控标准，也低于国际货币基金组织所规定的 90%～150% 的最下限，但贵、辽、蒙、滇、津、湘六省区市突破，青、琼两省接近国际警戒线 100%，地方债务问题正在趋向严重化。民众债务方面，2010 年我国总储蓄率高达 50%，但是 2020 年总储蓄率已经降到 45%。个人储蓄总体也在下降。超前消费风气日盛，信用卡、花呗、白条等借款借贷手段日益翻新。家庭负债率高达 56.5%，房贷占比 75.9%。房价下跌就会促使断供发生，法拍房增加。房企债务方面，2020 年国内房企总数约 10 万家，销售过千亿的仅 40 多家。2021 年上半年，TOP50 的上市房企中有息负债约达 6.37 万亿元，在三条红线政策控制下，有息负债规模和增速有所下降。

三、长效机制下房地产的三重分界和四大动向

对于现今房地产困局和在长效机制下今后的发展高，笔者有以下三大研判：

研判1：国家经济强力转型升级，地产调控将长期化立法化。

目前，中国经济正在强力进入转型升级的战略通道。转型一：由外向型导向转向内循环为主导；转型二：由资源地产导向转向科创产业导向；转型三：由高

速增长模式转向高质量发展模式。升级的具体表现也有三点。升级一：由处在国际产业链中的中低端升级到中高端；升级二：由劳动资本密集型产业升级为资本技术密集型产业；升级三：由奔小康模式升级为共同富裕模式。

为了确保国家实现经济成功转型升级，国家提出房住不炒和三稳方针、三条红线政策、分类贷款制度陆续出台。随着这些调控措施的长期大面积展开，并将通过立法程序将调控措施导入长效机制构建中。目前，房地产税改革已经提出，它的三大功能在于：基础功能，改革完善税制、合理增加税源；社会功能，平衡社会分配、缩小贫富差距；顺延功能，顺应房住不炒方针、助力楼市稳定。

研判2：三重分界态势明显，地产经济大回归。

三重模式分解下，地产经济将实现脱虚向实，房地产经济将回归民生经济、实体经济和常态经济。

第一重模式：暴利模式。货币化改革二十多年中基于土地财政的孳生模式，通过加杠杆式的投机炒作，获取暴利。在漏洞多多的流动性扶持下滋生为庞大的虚拟经济体系。国家政策绝不是打击房地产，而是打击其暴利模式。在当前中国，房地产的暴利模式已经过去了。

第二重模式：城市化模式。房地产快速发展的时代是城市化时代。从20世纪80年代开始，经过40年的高速发展，中国的城市化水平大幅提升，由1980年不到20%上升到2020年的63%。平均每年农转非人口达1200万人。中国城市化水平离80%的峰值大约仍需十几年的时间，这段时间仍是可以利用的城市化人口红利释放期。

第三重模式：常态化模式。暴利模式即将终止，城市化模式也将在十几年后结束，而对于资源型的土地和资产型的物业来说，只要市场在，土地和房产的交易就会存在，这就是房地产的常态化模式。这种模式下，房地产仍然是国民经济的基础产业，只是成为剔除了暴利机会和逐渐失去城市化人口红利的常态化产业。

研判3：四大动向——从外量到内质，从增量到存量，从物业到产业，从产业运营到资本运营。

动向1：房地产由外延式数量型向内涵式质量型发展。以往20年是房地产规模快速扩张的时代，房地产总市值、销售总额、房价等一路飙升。这种外延式数量型发展模式在应对现实住房需求的同时，又刺激了投机性虚拟化泡沫式需求的快速增长。如今，数量型发展顶部已经出现，高周转、高杠杆、快速增长的时代即将终结，房地产依赖速度和数量高增长的模式也将被替代。粗放式、外延式、暴利式增长模式日渐式微，存货周转率、杠杆率都将下降，取而代之的将是内涵式、高质量式的增长模式。要深化土地管理制度改革，向土地要更大效益，旧城

房地产行业发展与创新实践

改造被提上日程。城市发展不再是"摊大饼",而是通过精耕细作,让城市拥有更高的含金量和综合价值。

动向2:住宅地产从增量型主导向存量型主导过渡。住宅地产的增量型业态和城市化进程关系密切。目前,北上广深增量业态已经下降到总量的30%~40%,增量红利仍然存在,但新房业务量将逐步降低。增量业态收缩的同时,存量业态开始大展拳脚。目前全国存量业态市值约400多万亿元。这是房地产市场的新蓝海,有着长期巨大的潜力空间,向存量要产能、要机会、要效益已成为业界的共识,国家也将通过房产税来从住宅存量中获取公共性红利。房地产由增量向存量业态变革的关键在于由重资产型的投资开发模式转向轻资产型的运营模式,物业和园区运营都可形成稳固悠长的产业链,并产生长期稳定的运营红利。此外,存量物业有多重经营模式,种类数量都很多,可以不断地纵深创新,在存量中找到自己的利润增长点。

动向3:由物业型地产主导向产业型地产主导转型。严格来看,非住宅类的地产都可以归入产业地产,如商务地产、公共服务地产、科技地产、商业地产、物流地产、工业地产、旅游地产、康养地产、教育地产和文化地产等。越来越多的社会关注度和资金投向产业地产,寻找房地产新的发展空间。从国家宏观战略趋势看,未来核心支点在战略性新兴产业和国民基础性产业。而产业地产相比住宅地产有着重大差异:产业地产必须以产业为核心,地产部分会受到产业约束;产业地产在拿地、融资开发、运营流程等方面更加复杂,难度更大;产业地产的房地产属性明显低于住宅地产,从中获利的空间更小;产业地产基于产业运营发展,大大减少了炒作土地和房产的空间。中国经济正在步入以高质量和智创发展为引领的新时代,产业地产以新基建、科创、产业和税收为依托,因而发展潜力巨大。

动向4:房地产在产业运营和资产管理间交互推进。国家提出房住不炒的方针理念,只是否定炒房等投机行为,并没有否认房产的资产属性和投资价值。房地产在未来不仅是产业,它本身还可以作为资产,通过资产管理来增加财产性收入。未来房地产不仅要涉足大量产业运营,也要有效强化不动产的资产管理。要借助资本市场的各类平台和机遇,适时地、适度地、适中地盘活物业资产。分别成立于1899年的加拿大博枫资产管理公司和成立于1985年的美国黑石集团就是例子,这两家公司的资产管理规模都达到6000亿美元以上。但模式不同,前者起步于不动产经营,后进入资产管理;后者起步于私募股权,后进入房地产管理。两家公司在转型增长、业务规模、企业成长、投资模式、介入退出方式上均有自己的特点,但都紧紧围绕着房地产的资产运营。

四、2022年中国房地产的基本形势

最后，笔者将对2022年中国房地产的基本形势进行分析：

1. "稳"字当头，全年走势"松—紧—松"

国家仍将坚定推进"房住不炒"的方针，坚持"稳地价、稳房价、稳预期"的长期策略，一方面继续坚持打击房地产投机炒作；另一方面，要保持房地产作为支柱产业和基础产业必要的产业规模和活跃度。

进入2022年，全球新冠肺炎疫情继续，国际环境对中国整体经济仍造成较大压力，全国房地产销售总量将继续窄幅下降，上半年房地产大体将延用2021年四季度的适度灵活政策，各城市继续寻求化解不利因素，让房地产开发和买房的合理资金需求得到满足，土地供应、开发、信贷、楼市等方面相比2021年年中均呈现继续缓解的基本态势。全年房地产整体走势将呈现"松—紧—松"的微笑曲线，但不会出现较大幅度震荡。

2. 房地产继续维持底盘性支柱性产业地位

国家经济重心将继续向科技创新和实体经济方向倾斜，房地产内部各项改革将继续推进，但在当前经济形势下，预计2022年房地产税试点改革工作会适当放慢节奏。房地产在国民经济中拥有的底盘性、支柱性产业地位不会改变。

3. 抓紧解决多年来积累的重大问题

房地产长期以来积累的一系列问题仍将积极寻求解决办法，如土地供应平衡问题、房企高负债问题、银行系统落实信贷分类管理问题、刚需购房保障问题、保障性租赁住房建设问题等。

4. 住房购买和投资态势

刚需首套房和改善型居住房因得到相对宽松的信贷支持，预计一、二线城市成交量会有所增长，但房价因政策限制上升空间很小；一般性、长期性房产投资者的投资取向会由增值转向保值；短期投机性购房基本上没有机会。房地产市场整体上的过热性关注度会继续下降，投资者寻求房地产之外的其他途径的、有潜力的投资渠道，将成为转折性的长期趋势。

第二章

新理念
绿色低碳与创新发展

系统理解与落实房地产业"双碳"工作

胡建新

一、本文主要框架

2022年上半年,全国两会召开、北京冬奥会举办和"俄乌冲突"发生。以奥运会为例,2008年北京奥运会的时候,老运动员李宁千辛万苦点燃火炬塔,本次北京冬奥会是由两位运动员,冬残奥会更是由一位盲人运动员直接插上小火炬点亮了"大雪花",完成了百年奥运史上的创新点火仪式。据报道,"大雪花"的碳排放量是火炬塔的五千分之一,这样的安排是首届实现"碳中和"奥运会的组成部分。同时,针对"俄乌冲突",各国都很焦虑,特别是欧洲国家,因为欧洲国家对于俄罗斯的天然气依赖程度较高。随着新能源的大量利用,世界政治格局将会发生重大变化。本文主要分为三部分:生态文明思想与"3060双碳"目标,房地产业挑战与机遇,房企实践与探索。

二、生态文明思想与"3060双碳"目标

讲生态文明思想,要从中国传统文化的天人合一、天地人和这种人与自然和谐共生的可持续发展理念讲起。可持续发展理念主要来源于1962年出版的《寂静的春天》,该书的出版可以说是环境保护主义的奠基石,引起了人们对于环保问题的高度关注。1972年联合国召开了第一次人类环境会议来讨论环保问题,1987年世界环境与发展委员会在"我们共同的未来"的报告中首次阐述了可持续发展的理念:要在不损害未来一代需求的前提下,满足当前一代人的需求。换句话说,可持续发展就是指经济、社会、资源和环境保护协调发展,既要达到发展经济的目的,又要保护好人类赖以生存的大气、淡水、海洋、土地和森林等自然资源和环境,使子孙后代能够永续发展和安居乐业。

2015年9月,联合国可持续发展峰会通过了联合国"2030年可持续发展议程",涵盖了17个可持续发展目标(SDGs),以及169个子目标,其内容可以归结为五大类,即人、地球、繁荣、和平和合作伙伴,制定了一张旨在结束全球贫困、为所有人构建尊严生活且不让一个人被落下的路线图(图1)。生态文明思

作者简介:胡建新,教授级高级工程师,广东省低碳发展促进会副理事长,原招商蛇口首席绿色低碳官。

想及"3060双碳"目标与这17个目标关系密切。

图1 17个可持续发展目标

当今世界，企业的发展和国民经济的增长息息相关，作为践行可持续发展的重要载体，企业的可持续发展日益受到多方面关注，越来越多的机构要求企业披露联合国可持续发展目标（SDGs）、企业社会责任（CSR）、环境与社会和公司治理（ESG）报告。时任联合国秘书长潘基文指出，企业是实现联合国可持续发展目标的重要合作伙伴，可通过其核心业务为联合国可持续发展目标的实现做出自己的贡献，呼吁各国企业评估其业务活动影响，制定远大目标并对其成果进行透明沟通。另一方面，企业社会责任报告的目标受众群体是各利益相关方，包括政府监管部门、员工、合作伙伴、社区、非政府组织（NGO）等。而ESG报告的目标受众群体很聚焦，主要是资本市场参与方，特别是机构投资者。"双碳"目标推动下，ESG概念在我国地位快速提升，ESG信息披露将促使企业高质量发展。

与国际同步，国内也越来越重视可持续发展理念。2015年10月29日，在党的十八届五中全会第二次全体会议上，党中央提出了创新、协调、绿色、开放、共享的新发展理念。新发展理念符合我国国情，顺应时代要求，对破解发展难题、增强发展动力、厚植发展优势具有重大指导意义。

党的十九大报告指出，要加快生态文明体制改革，建设美丽中国，强调人与自然和谐共生的发展理念。习近平总书记指出，我们要建设的现代化是人与自然和谐共生的现代化，既要创造更多物质财富和精神财富以满足人民日益增长的美好生活需要，也要提供更多优质生态产品以满足人民日益增长的优美生态环境需要。必须坚持节约优先、保护优先、自然恢复为主的方针，形成节约资源和保护环境的空间格局、产业结构、生产方式、生活方式,还自然以宁静、和谐、美丽。十九大报告提出加强对生态文明建设的总体设计和组织领导,设立国有自然资源资产管理和自然生态监管机构,完善生态环境管理制度,统一行使三个职责。

2018年5月18—19日召开的全国生态环境保护大会,对全面加强生态环境保护,坚决打好污染防治攻坚战作出了系列的部署和安排,"习近平生态文明思想"这一重大理论成果由此确立,这是习近平新时代中国特色社会主义思想的重要组成部分(图2)。

图2 新时代坚持和发展中国特色社会主义的基本方略之九

生态文明思想集中体现为"生态兴则文明兴"的深邃历史观、"人与自然和谐共生"的科学自然观、"绿水青山就是金山银山"的绿色发展观、"良好生态环境是最普惠的民生福祉"的基本民生观、"山水林田湖草是生命共同体"的整体系统观、"实行最严格生态环境保护制度"的严密法治观、"共同建设美丽中国"的全民行动观、"共谋全球生态文明建设之路"的共赢全球观。当前,这一思想成为我们打好打赢污染防治攻坚战和应对气候变化的最高准则(图3)。

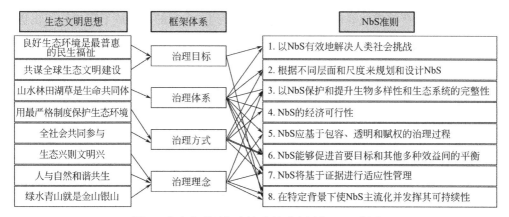

图 3 生态文明思想实施路径示意图与 NbS 准则

资源来源：2021 年 6 月 23 日自然资源部与世界自然保护联盟（IUCN）在北京联合举办《IUCN 基于自然的解决方案全球标准™》中文版发布会

2020 年 9 月 22 日，在第七十五届联合国大会上我国向国际社会作出碳达峰、碳中和的郑重承诺，"中国将力争 2030 年前二氧化碳排放达到峰值，努力争取 2060 年前实现碳中和。"

2020 年 10 月 29 日，党的十九届五中全会审议通过《中共中央关于制定国民经济和社会发展第十四个五年规划和二〇三五年远景目标的建议》；2021 年 3 月 11 日，十三届全国人大四次会议表决通过并批准了《中华人民共和国国民经济和社会发展第十四个五年规划和 2035 年远景目标纲要》，这是新发展格局下的改革议程，也明确提出了"双碳"阶段性目标（图 4）。

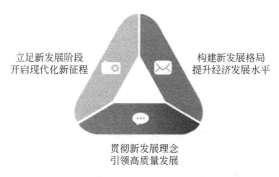

图 4 新发展格局

"十四五"规划纲要提出的减碳目标有四个：单位 GDP 二氧化碳排放降低 18%，单位 GDP 能耗降低 13.5%，森林覆盖率达到 24.1%，非化石能源占能源消耗比重提高到 20% 左右。从长远来看，碳中和战略分为四步：2020—2030 年是达峰期，这是包含"十四五"时期在内的关键十年，需要尽快、尽早实现碳排放达峰，并且严控排放峰值，为高质量达峰后到碳中和的碳排放下降过程留出更多缓冲时间，使政策制定、能源结构改革部署和生产生活方式转变更为游刃有余；2030—2035年是平台期，我国在实现达峰目标后将经历五年左右的缓冲平台期，以前期经济向低碳高质量发展转型所做的努力为基础，这一时期内我国碳排放将呈现趋缓趋稳、稳中有降的趋势；2035—2050年为下降期，大力发展可再生能源为主的低碳能源系统、交通系统全面电气化和负排放技术等，我国将进入15年左右的快速减排期；2050—2060年为中和期，这一时期以深度脱碳为首要任务，通过负排放技术和碳汇的应用为能源系统提供灵活性，从而兼顾经济发展与减排行动，最终实现碳中和目标（图5）。

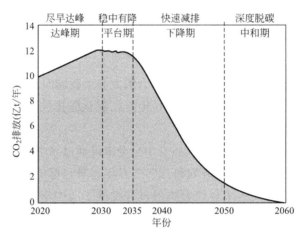

图5 碳中和战略四步走

碳排放是人类经济社会活动的综合反映，与人口、经济、产业、能源、技术等多重因素相关。必须加快建设清洁低碳、安全高效的能源体系和绿色低碳循环发展的经济体系，在降低能源消费总量、减低能源碳强度上"做减法"，在增加碳汇、负排放方面"做加法"。从我国国情出发，实现碳中和潜力最大的方向是能源结构的清洁化、低碳化，根本性措施是实现能源生产清洁化和能源消费电气化。具体到建筑行业方面，推广电气化、清洁化以及节能节材对于减少碳排放具有重要意义。

实现碳达峰和碳中和是党中央、国务院统筹国际国内两个大局作出的重大战略决策，对加快促进生态文明建设、保障能源安全高效、推动经济转型升级、引领应对气候变化和实现"两个一百年"的奋斗目标具有重大意义。

具体到现阶段发展来看，"双碳"目标还面临着诸多挑战。欧盟、美国和日本早于中国实现碳达峰，而在经济发展方面中国还处于高速发展期，到2035年要实现GDP翻一番的目标。在保证经济发展的前提下完成"双碳"目标，中国面临着非常艰巨的挑战和任务。

为了达到"双碳"目标，国家制定了"1+N"政策体系，"1"就是指《中共中央 国务院关于完整准确全面贯彻新发展理念做好碳达峰碳中和工作的意见》（中发〔2021〕36号），该意见是党中央、国务院对碳达峰、碳中和工作进行的系统谋划和总体部署，覆盖碳达峰、碳中和两个阶段，是长远推行的顶层设计，在碳达峰、碳中和政策体系中发挥着统领作用。全党必须完整、准确、全面贯彻新发展理念。"N"就是以《国务院关于印发2030年前碳达峰行动方案的通知》（国发〔2021〕23号）为首的政策文件，该方案是对碳达峰阶段的总体部署，在目标、原则、方向等方面与意见保持有机衔接的同时，更加聚焦2030年前碳达峰目标。方案提出了十大行动和三大支撑（图6）。

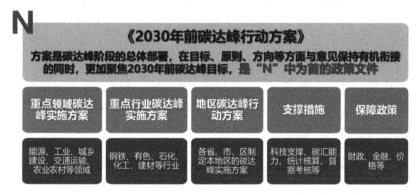

图6 碳达峰"N"政策体系

实现"双碳"目标是一场广泛而深刻的变革，也是一项长期任务，只有汇聚全国力量，用科学的应对气候变化理念和使用碳排放管理理论，因地制宜地系统部署，有序推进才能最终完成这一艰巨任务。实现碳达峰、碳中和目标，是一项复杂、长期和系统性的工程，需要科学部署目标任务，加强顶层设计（图7）。不论是地方、行业还是企业，都要合理设置目标，一切从实际出发，科学把握节奏。要处理好发展和减排、整体和局部、短期和中长期的关系，处理好减污降碳和能源安全、产业链供应链安全、粮食安全、群众正常生活的关系。

同时，也要认识到绿色转型是一个长期的过程，不是一蹴而就的事情。要先立后破，而不能够未立先破。富煤贫油少气是我国的国情，以煤为主的能源结构短期内难以根本改变。实现"双碳"目标，必须立足国情，坚持稳中求进、逐步实现，不能脱离实际、急于求成，搞运动式"降碳"、踩"急刹车"。既要有一个绿色、清洁的环境，也要保证我们生产、生活的正常进行。

建筑领域是实现碳中和目标的关键领域，根据《中国建筑能耗与碳排放研究

```
城乡建设助力"双碳"实现 住房和城乡建设部抓紧出台碳达峰方案
```

一、**推动城市绿色低碳建设**。主要有三个方面：
1) 优化城市结构和布局，推动组团式发展，加强生态廊道建设，严格控制新建超高层建筑，加强既有建筑拆除管理。
2) 建设绿色低碳社区，加强完整社区建设，构建15min生活圈。
3) 大力发展绿色建筑，加快推进既有建筑节能改造，因地制宜推进建筑可再生能源应用，优化城市建设用能结构，推进绿色低碳建造。

二、**打造绿色低碳乡村**。通过构建自然紧凑的乡村格局，推进绿色低碳农房建设，加强生活垃圾污水治理，推广应用可再生能源等工作，全面促进乡村节能降碳。

三、**强化保障措施**。重点是要研究建立两个体系：
1) **建立城乡建设统计监测体系**，编制城乡建设领域碳排放统计计量标准；
2) **构建考核评价指标体系**。通过对碳排放量动态监测和对节能降碳工作的客观评价，形成有效激励和约束机制，共同推动实现城乡建设领域碳达峰碳中和目标。

——20220224 国新办举行推动住房和城乡建设高质量发展发布会

图7 住房和城乡建设部将出台碳达峰方案

报告（2021）》，2019年全国建筑全过程碳排放总量为49.97亿 tCO_2。建筑各阶段碳排放比例：建材生产55.4%；建筑施工2.0%；建筑运行42.6%。建材生产碳排放非常大，这就是为什么我们要大力提倡节材和在实施城市更新行动中要防止大拆大建的原因（图8）。

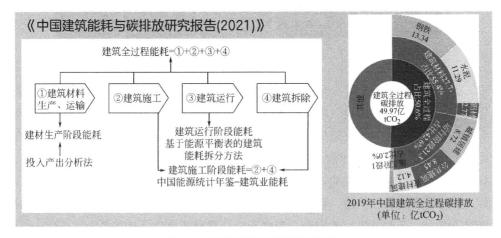

图8 中国建筑能耗及碳排放结构

为了完成建筑业"双碳"目标，《中国建筑能耗研究报告（2020）》分析了四种碳排放情景，在基准情景下，通过能效加速、建筑产能、电气化和电力脱碳、负碳技术，到2060年可减排72%，剩余的28%碳排放需要通过负碳技术予以中和。具体到近期目标来说，"十四五"时期建筑能耗总量应控制在12亿 tce，碳排放应控制在25亿 t，碳排放年均增速控制在1.5%（图9）。

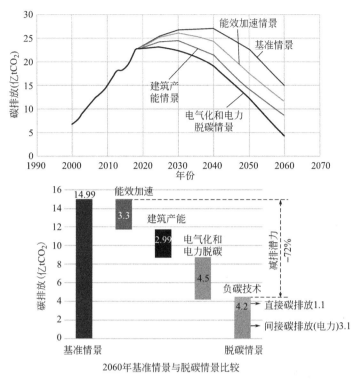

图9 碳中和目标下建筑碳排放情景分析

根据广发证券发展研究中心预计2025年房地产行业住宅新房销售面积将会达到15.5亿 m²，随后逐步回落，2050年稳定在10亿～11亿 m²。随着销售面积的改变，建设面积和运营面积也会相应地发生较大改变，有利于实现"双碳"目标（图10）。同时，不同区域的房地产市场也呈现出不同的特征，如深圳和香港，而针对部分人口流入较多的大型城市，房地产后续的发展仍有进一步的空间，所以针对不同区域需要制定不同的"双碳"目标。

为了完成"双碳"目标，在城乡建设领域主要对四个方向进行政策支持：绿色建筑、城市更新、装配式建筑、超低能耗建筑。到2022年，城镇新建建筑中绿色建筑面积占比达到70%；到2025年，城镇新建建筑全面达到绿色建筑标准。目前，七大省份、直辖市要求2022年实现绿建全覆盖（100%），各省市2022年平均绿建覆盖率78%。在城市更新方面，"十四五"期间完成2000年底前建成的21.9万个城镇老旧小区改造，2021年新开工改造5.3万个。在装配式建筑方面，2016年《关于大力发展装配式建筑的指导意见》提出力争用十年左右时间，使装配式建筑占新建建筑面积比例达到30%。2020年占比达20.5%，全国新开工装配式建筑共计6.3亿 m²。在超低能耗建筑方面，当前我国在建及建成的超低

(a) 全国住宅销售面积走势变化

(b) 2020—2050年我国新房住宅总量面积预测

数据来源：统计局，《2020年中期策略：行业动能充足，巅峰仍在远方》，广发证券发展研究中心

高城镇化率→行业规模达顶→行业碳达峰

- 第七次人口普查显示，2020年城镇化率为63.89%，预计2030年前城镇化率将达到70%以上，城镇人口将趋于稳定
- 房地产全行业预计在2025年整体销售面积达到顶峰，为2030年地产业碳排放峰值创造较为有利的条件

图10　全国住宅规模预测

能耗建筑项目约 1000 万 m^2。住房和城乡建设部下一步将制订强制性标准，在适宜的气候区推动超低能耗建筑规模化建设。

三、"双碳"目标的挑战与机遇

1. 碳中和是应对全球气候变化的必然选择。2021 年 8 月 9 日，联合国政府间气候变化专门委员会（IPCC）发布了一份最新的评估报告。这份长达 4000 页的里程碑式报告，强有力地揭示了一个不容忽视的事实：气候危机正在进一步恶化，全球变暖已经无可避免。自 1850—1900 年以来，人类活动产生的温室气体排放造成了约 1.1℃ 的升温。在 IPCC 的研究情境中，2021—2040 年间达到或超过 1.5℃ 温控目标的可能性超过 50%，而在高排放情景下，达到这一目标的速度则会更快（图 11）。

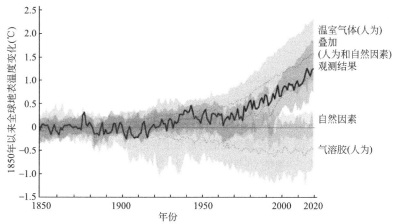

人类造成了大量温室气体排放，其主要来源有化石燃料燃烧、农业、森林砍伐和废弃物分解。
图片来源：IPCC《第六次评估报告》

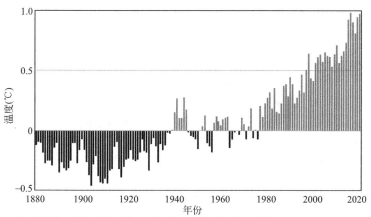

全球目前的平均气温(包括陆地和海洋表面)比20世纪的平均值高出近1℃，比工业化前高1.1℃

图 11　碳中和是应对全球气候变化的必然选择

另外，碳排放权和石油使用本质上是对立的，欧盟是碳减排的主要推动者，是国际上除了美国之外的另一个重要势力，这是对石油美元的地位进行挑战。显而易见，碳排放必将会导致第三次能源革命，碳减排的变革对现有的国际政治经济影响更为深远（图 12）。

动力变革与能源变革

		动力	能源	能源载体	运输	
1	第一次能源革命	蒸汽机	煤炭	煤	火车	工业革命的核心，其实是能源转换的革命，自第二次工业革命之后石油成为"工业血液"
2	第二次能源革命	内燃机	石油天然气	汽/柴油	汽车	汽车等石油消耗大的产业的发展为石油工业形成消费端的闭环
3	第三次能源革命	电池	可再生能源	电/氢	电动车	以光伏、氢能等新能源为代表的第三次工业革命及全球绿色低碳发展的大趋势终将改变传统的化石能源格局

第三次能源革命的五大支柱：
1. 向可再生能源转型
2. 集中式转向分布式、建筑变为微型发电厂
3. 用氢气、电池等技术存储间歇能源
4. 发展能源（电能）互联网技术
5. 电动汽车成为用能、储能并回馈能源终端

图 12　巴黎协定的背后是世界格局的深刻改变

资源来源：欧阳高明院士《新能源汽车与新能源革命》，目前中国的瓶颈主要在于储能，只有实现新能源汽车大规模发展才能顺利实现新能源革命，从而实现中国的碳中和目标，形成"硅能源"革命，即由光伏-特高压-新能源车组成，对应一个新的"生产-传输-利用"循环体系

2. 碳中和重塑中国经济社会发展格局。"当今世界正经历百年未有之大变局"，既是挑战，也是机遇（图13）。

碳中和影响投资
围绕碳中和目标，金融业务所支持的行业机构面临调整，投资将进一步向低碳产业倾斜，加大对绿色产业的支持力度

碳中和影响贸易
2022年3月10日，欧盟议会通过了建立"碳边境调整机制"（Carbon Border Adjustment Mechanism，简称CBAM）的决议。这意味着从2023年起将对欧盟进口的部分商品征收碳关税

碳中和影响技术
实现碳中和需要新技术，不仅是能源技术，也包括以网络化、智能化为特征的数字技术

碳中和影响消费
以绿色低碳为标志的生活方式正在成为消费时尚，低碳产品和服务将赢得更多市场青睐

图 13　碳中和重塑中国经济社会发展格局

3. 碳中和改变房地产行业增长逻辑。在房地产建筑领域新政迭出，"房住不炒"、"三道红线"、"集中供地"、土地拍卖"竞品质"、叫停城市更新大拆大建。住房和城乡建设部还发布了《建筑节能与可再生能源利用通用规范》GB 55015—2021，从 2022 年 4 月 1 日起强制执行，在项目不同阶段，需进行碳排放计算分析，并严格执行；新建的居住和公共建筑碳排放强度应分别在 2016 年执行的节能设计标准基础上平均降低 40%，碳排放强度平均降低 $7kgCO_2/（m^2·a）$ 以上；新建、扩建和改建建筑以及既有建筑节能改造均应进行建筑节能设计。建设

项目的可研方案、建设方案和初步设计文件均应包含建筑能耗、可再生能源利用以及建筑碳排放分析报告。2021年中央经济工作会议和国务院政府工作报告，首提房地产探索新的发展模式。

4. 碳中和影响房地产企业经营策略。针对超低能耗建筑，部分城市公布了相关激励政策，主要为奖金激励（30~600元/m²），容积率奖励（3%~9%），单个项目奖励（150万~1000万元）。北京集中供地土地拍卖对于高标准项目申报单位提出了绿色建筑、装配式建筑、超低能耗建筑、健康建筑、宜居技术应用和管理模式六个方面的考核指标。在城市建设方面，加大对"双碳"工作的考核和推广力度逐步成为房地产行业发展的新潮流（图14）。

北京某土地拍卖项目，申报单位对建设高品质住宅的承诺

1) **绿色建筑：**
全面实施三星级绿色建筑：□√是　否　承诺取得三星级绿色建筑标识。
2) **装配式建筑：**
装配率:91 %。全面实施装配式装修：□√是　否
3) **超低能耗建筑：**实施超低能耗建筑面积达到总面积的比例:100 %，超低能耗面积 83160 m²。
4) **健康建筑：**
实施健康建筑面积达到总面积的比例:100 %，面积 83160 m²，承诺取得三星级健康建筑设计及运行标识。
5) **宜居技术应用：**
本项目100%使用通过三星级绿色建材认证的预拌混凝土、保温材料、防水卷材、防水涂料。
本项目住宅小区内道路、园林绿化等公共设施项目建设所用路面砖、植草砖、道路无机料、路缘石等100%使用建筑垃圾再生产。
本项目外墙保温工程、防水工程承诺质量保修期不少于15年，屋面保温工程、建筑门窗承诺质量保修期不少于8年。
本项目1栋住宅楼采用减震技术。
6) **管理模式：**
本项目采用工程总承包模式。
本项目采取建筑师负责制，**本项目承诺投保绿色建筑性能责任保险，引入风险防控机制。**
本项目全生命期(规划、勘察、设计、施工、运维)应用BIM技术。

图14　某土拍项目申报单位对建设高品质住宅的承诺

上述新政和新规范及激励政策，对于房地产企业经营模式产生了重大影响，企业需加大转型与创新力度，尽早建立碳资产管理体系（表1）。

"双碳"影响企业经营策略与企业案例　　　　　　　　　　表1

影响方面	具体策略	企业案例
绿色产品研发	打造硬核产品力(健康建筑、超低能耗建筑、零碳建筑)，增强土拍竞争力。 建立绿色供应链、绿色生态圈	2021年5月，北京土地公开出让首次采用"竞地价+竞政府持有商品住宅产权份额+竞高标准商品住宅建设方案"方式供地。《高标准商品住宅建设方案评审内容和评分标准》中装配式建筑、超低能耗建筑成加分项。融创中国凭借在超低能耗建筑方面的积累，在本次土拍中成功摘得多个地块
绿色金融融资	获得绿色金融支持(绿色债券、碳中和债等)，拓展融资渠道，降低融资成本	2021年6月中海地产成功发行国内行业首单绿色+碳中和债券，18年期，项目规模21亿元，票面利率3.6%。2021年7月远洋集团发行了2025年到期的3.2亿美元债券，票面利率2.70%。从2016年当代置业首发绿色债券开始，我国房企(或工程项目)以绿色建筑发行的绿色债券总额不完全统计已达到627亿元

续表

影响方面	具体策略	企业案例
绿色运营减碳	实施精细化管理策略,建立碳资产核算与考核激励机制,碳交易赢利。增加运营项目,减少高周转项目。节能改造,降低运行能耗、碳排放	太古地产加入科学碳目标倡议SBTi以来,自2001年起,尽管其所管理的总楼面面积增加,能源消耗却降低了18.9%。江亿院士:经测算,我国城镇建筑屋顶光伏可开发量为8.3亿kWh,年发电量可达1.23万亿kWh,可满足城镇建筑自身30%~40%用电量
绿色科技创新	研发和投资绿色低碳创新科技	金茂绿建专注于绿色建筑科技服务,已成为一家拥有345项专利,年营业额超过20亿元的科技公司。朗诗地产、当代置业也培育了绿建科技公司

5. 企业开展"双碳"工作的好处。这里引用2019年4月《科学碳目标设定手册》第4.0版,企业参与科学碳目标的设定主要有四个好处:增强业务应变能力和提升竞争力,推动创新和改变商业实践,树立可信度和信誉,影响和准备迎接公共政策的转变。

四、中国房地产企业的实践与探索

1. 部分房企已经做出了碳达峰碳中和的实践,这里以友绿智库年初发布的《2021年低碳地产先锋榜》来介绍几家房地产企业的实践案例。五家企业入选,分别是:中海地产、中国金茂、招商蛇口、太古地产和朗诗地产,下面将会对这五家企业的入选理由进行简单介绍。

中海地产率先发行碳中和债券,全面践行低碳规划、积极建设能源管理平台和打造零碳项目。中海地产以低利率累计发行51亿元债券,其中,成功发行国内行业首单绿色+碳中和债券,充分彰显中海地产在响应国家绿色发展战略中的央企担当。2021年6月16日,中海地产还成功发行了30亿元公司债券,其中,3年期发行金额为20亿元,票面利率3.25%,利率创行业同期新低;5年期发行金额为10亿元,票面利率3.55%。2021年6月17日,中海地产成功发行18年期发行金额为21亿元的CMBS产品,期限为3+3+3+3+3+3年,票面利率3.6%,成为国内房企首单绿色+碳中和债券产品。另外,中海地产首个零碳项目已正式进入建设阶段,并正计划开放未来办公零碳实验室。截至2020年末,中海地产已累计认证绿色建筑379项,认证面积约7147万m^2,同比增长18.1%,其中中海地产商业项目实现100%认证。

招商蛇口作为中国领先的城市和园区综合开发运营服务商,是房地产行业中绿色人居的探路者和先行者。从绿思想、绿建筑、绿社区到绿生活,持续完善绿色管理体系,不断探索总结绿色发展经验,让绿色生态理念与公司战略、企业文化紧密结合,贯穿于生产运营各环节,着力打造"宜人宜居宜业"的可持续发展生态城市。随着绿色人文内涵的逐步丰富及绿色生态圈的不断壮大，招商蛇口正联合更广泛的社会力量推动中国绿色事业蓬勃发展。2021年4月22日，作为国内首家倡导碳中和供应链的房地产企业，招商蛇口正式发布房地产行业首份供应链"碳中和"绿色质造公约，将携手2.8万家生态圈内企业共同打造"碳中和"绿色供应链，在"双碳"目标共识下，助力可持续绿色发展。

中国金茂积极推进城市零碳运营，在绿色能源服务方面，取得了"清洁供热服务认证"5A级证书。截至2021年7月，中国金茂累计开发绿色建筑总面积达到2500万m^2，获得绿色（含健康）标识奖项255个，已投资、建设、运营能源站项目64个，总供能面积超过4000万m^2，预计每年碳减排量超过38万t，相当于植树2100万棵。中国金茂在多个城市项目实践中推行其绿色建筑理念，2011年，中国金茂的广渠金茂府完成国内首个自愿碳减排标准交易；2017年，中国金茂主导建设的长沙梅溪湖国际新城项目，成为中国首个城市运营碳中和项目；2018年，中国金茂助力南京成为中国首个全民参与碳中和的城市；2021年，中国金茂在青岛打造首个全民碳普惠平台，激励全民低碳生活实践。

作为港资房企，太古地产也作出了诸多有意义的探索与实践。太古地产科学基础减碳目标于2019年通过认证，是香港及内地首个参照《巴黎协定》订立长期减碳目标的地产发展商，并完成了资产层面的详细风险及抗压力气候风险评估。公司2021年再度被纳入道琼斯可持续发展世界指数（DJSI），并取得全球排名第七、亚洲区排名第一的成绩，这也是太古地产连续第五年成为唯一一家中国香港企业被纳入该指数。太古地产建立了全面的碳核算框架、月报告及管理体系，香港物业2020年减碳率44.1%，内地物业2020年减碳率42.2%。太古地产用于超过12100m^2太阳能光伏板，每年生产220000kWh可再生能源，拥有超过58300m^2绿化空间环绕综合项目。

朗诗地产首倡企业碳中和，2021年12月24日，朗诗于20周年司庆之际正式公布《朗诗控股碳中和路线图》，明确提出了力争于2035年实现全集团碳中和的目标，旨在以战略决心和科学方法，逐步实现温室气体排放范围一、二、三的碳中和并积极推动生态（范围三＋）减碳。2023年，实现范围一（化石燃料燃烧所导致的直接排放以及逸散排放）的碳中和；不晚于2028年实现范围二（电力和热力等外购能源所导致的间接排放）的碳中和；力争2035年实现范围三（价值链上的相关间接排放，包括上游和下游排放）的碳中和；此外还将积极推动其他企业、行业和社会的碳减排（范围三＋）；定期披露碳减排、碳中和进展。

2. 下面以招商蛇口广州金山谷项目为例来说明"双碳"理念在建筑项目中的探索与实践。该项目2009年获得联合国首届人居企业最佳范例奖，占地面积为1200亩，是一个产城一体的综合开发项目。项目早期就广泛开展绿色低碳调研，2006年年中专门召开了两天研讨会，编制"一个地球生活"社区可持续行动大纲，在项目的规划设计、建造和运营过程中遵循"一个地球生活"十项原则，针对各项原则研究相应策略和指定负责人，开展了绿色低碳探索与实践（图15）。

"一个地球生活"原则

1. 零碳排放
2. 零废弃物排放
3. 可持续发展交通
4. 可持续发展和本地材料
5. 本地食物
6. 节水
7. 保护生物资源
8. 传承文化
9. 公正与公平贸易
10. 健康愉快的生活

图15 "一个地球生活"十项原则

在具体的规划设计环节，采用生态最大化原理和利用计算机模拟技术进行比较研究，采取针对岭南气候特点的高层小区架空层设计等策略有效改善小区微气候（图16、图17）。

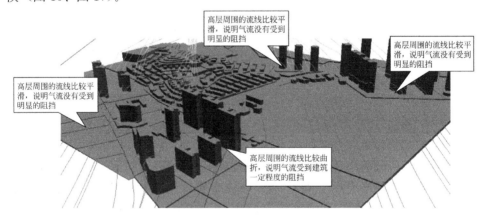

图16 建筑物对气流的影响

2011—2012年与清华大学建筑节能中心合作开展了全过程节能指标管理体系研究，探讨从材料的限额设计到用能的限额设计研究。通常房地产公司给设计院的任务书里有材料限额设计要求，如钢筋、混凝土含量等。课题研究的是建筑用能的限额设计，就是限定单位能耗，各专业分解去做设计迭代，分四个阶段进行，从立项阶段到方案施工图设计阶段，再到材料设备采购和工程验收阶段，最后到运营管理阶段（图18）。

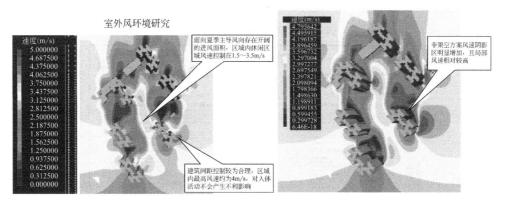

图 17　室外风环境研究

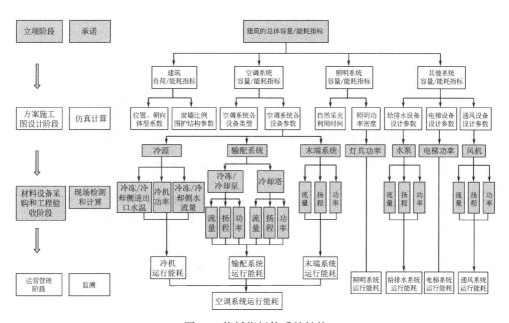

图 18　能耗指标体系的结构

我们还做了房地产业第一个碳盘查与核证，也做了建筑能效测评标识。在当时没有引起大家的重视，当前"双碳"目标下建筑能效测评和碳核算将很快提上议事日程（图 19）。

根据全过程节能指标管理体系研究，在项目的产业园区设计了一座地上五层、地下一层（总面积 25000m²）的零碳（零能耗）办公楼。图 20 是这座建筑的外立面图和一些建筑的被动式设计策略。遗憾是这座办公楼在建造期间，公司把原来的自持计划改为销售卖掉了，所以设备和装修就没完成。但是，这个研究

房地产行业发展与创新实践

图19　相关证书

和设计的整个过程回头看还是很有意思的，设计达到的能耗指标与十年后当前的近零能耗建筑标准，基本上是吻合的。

金山谷项目从2006年开始建设，到2017年接近尾声的时候，项目团队与华南理工大学相关团队作了一次项目后评估，对绿色低碳技术应用成果进行调研与总结，对在华南地区推广应用的可行性提出建议，完成了项目绿色低碳技术研究与应用的PDCA循环。调研结论是金山谷项目被动式技术效果较好值得推广，主动式节能效果主要与成本效益和维护管理密切相关（图21）。

小结与提炼：开发目标——高舒适、低消耗、低影响；开发原则——适用、

第二章 新理念 绿色低碳与创新发展

图 20 广州金山谷零碳（零能耗）楼研究

图 21 广州金山谷社区绿色低碳技术运用成果总结研究

经济、美观；规划理念——小尺度、多样性、宜步行；技术策略——因地制宜、被动优先、主动优化。绿色建筑发展阶段，可以用 5.0 来表示。四节一环保的绿色建筑，笔者把它定义为 1.0，＋建筑产业化就是 2.0，＋健康建筑就是 3.0，＋智能建筑就是 4.0，＋零排放零能耗零碳就是 5.0。从最初的满足四节一环保的绿色建筑要求到现在符合生态文明建设和"双碳"目标要求，绿色建筑 5.0 是比较全面概括的，当然零排放（空气、水、噪声、垃圾等）和零能耗、零碳是一个合规和渐进的发展过程，是一个技术经济和创新发展的进程。如光伏发电成本经历了一个从高到低的大变化，现在的成本只有原来的 10%！我们提炼出绿色人居技术体系——SHE & HE，即 S-Safety-安全，H-Healthy-健康，E-Efficientcy-高效，H-Handy-便利，E-Environmental-环保，五个方面，对应当时招商地产的品牌"家在情在"。

我们的社区园区规划理念，是多样性小尺度宜步行，半径 400~800m，5~

10min 的生活圈，强调走路上班、走路上学、走路购物、走路休闲，低碳又健康。图 22 就是深圳蛇口海上世界，以地铁站为中心画了 400m 和 800m 半径的两个圆圈，这里走路就可以尽情享受美好生活。

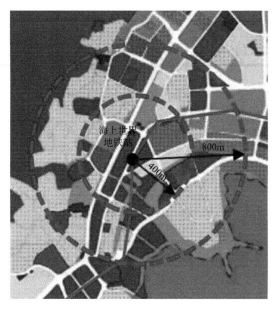

图 22　社区园区规划理念示意图

3. 对于房企践行"双碳"理念提三点建议。

（1）重视顶层设计，配套碳中和施工图，重视智慧和健康技术。中国建筑节能协会武涌会长说施工图："从我们推广建筑节能的经验来说，有五个配套体系一定要跟上，一是形成能够支撑预期路线图的技术体系；二是打造标准体系；三是政策和法规体系；四是市场体系；五是能力体系。"图 23 是林波荣教授提出的公共建筑技术策略图。

（2）大力推广装配式内装修，试点推行建筑结构设计寿命 100 年新标准。理由是建筑全生命周期装修用水泥的 CO_2 累计排放量将超过主体结构（图 24），建材生产碳排放又比运营阶段高（图 8）。

在环保政策和"双碳"目标双重要求下，新建房屋和既有建筑改造、装配式内装修将在量价关系双向作用下，大有可为！住房和城乡建设部也在 2021 年发布了《装配式内装修技术标准》JGJ/T 491—2021。

（3）大力推广基于自然的解决方案 NbS。我们经常讲的被动式设计就是 NbS 的一种，是一种经济、有效的解决方案。图 25 是几个国际组织编写的基于自然的解决方案全球标准，还出版了使用指南。

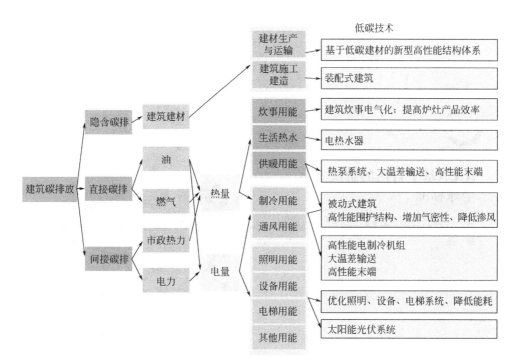

图 23　碳中和目标下的公共建筑技术策略（林波荣）

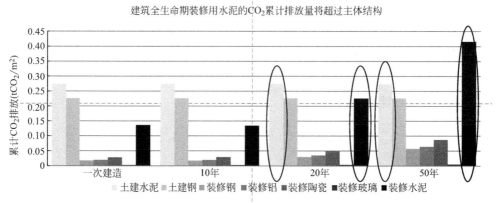

数据显示：建筑全生命期50~100年中，随着装修的不断更替（平均10~15年一次），装修用水泥CO_2累积排放量将远远超过主体结构

图 24　水泥的 CO_2 累计排放量

2021年青年应对气候变化行动网络（CYCAN）举办了零碳校园挑战赛，清华大学深圳国际研究生院有团队以"废弃物回收与建筑节能为主的'零碳校园'方案"参赛，2022年是否可以有团队以"大学城厨余垃圾基于自然的解决方案就地处理"参赛？

图 25 IUCN 基于自然的解决方案全球标准

本文从生态文明思想、国家和行业"双碳"政策到企业和项目实践与展望等各方面提供了一些信息,供大家参考,请大家批评指正。

"少吃肉,多吃素;少开车,多走路;少用灯,多通风;多动手,少购物。"绿色低碳、智慧健康从我做起。

第二章 新理念 绿色低碳与创新发展

"双碳"目标下建筑行业碳减排路径及科技创新思考

林波荣

一、"双碳"目标提出背景

1. 全球气候变化和中国承诺

首先,我们来看一下碳中和的发展背景。1997年,英国未来森林公司首次提出碳中和概念;到2015年,《巴黎协定》提出,在本世下半叶实现温室气体源的人为排放与汇的清除之间的平衡;2018年,联合国政府间气候变化专门委员会(IPCC)在《全球升温1.5℃特别报告》提出,要实现将全球温升控制在1.5℃目标,需要到2050年实现温室气体净零排放也即碳中和。2019年以来,越来越多的国家提出碳中和目标,目前总数已经超过140个,碳中和的概念在世界各国慢慢深入人心。碳中和强调一定时期内,人为温室气体排放量与人为温室气体清除量相平衡,其内涵是经济社会发展与化石资源消耗脱钩。

其次,从中国的角度来看,第七十六届联合国大会我国重申:将力争2030年前实现碳达峰、2060年前实现碳中和。我国目前在抓紧构建"1+N"的政策体系:(1)将"双碳"目标纳入生态文明建设总体布局,成立碳达峰碳中和工作领导小组;(2)正在制定碳达峰碳中和时间表、技术路线图和一系列行动方案和落实举措;(3)明确提出要统筹有序做好双碳工作,坚持全国一盘棋,先立后破,坚决遏制"两高"项目盲目发展。科技是支撑碳中和目标实现的关键,碳中和将引发新一轮科技革命,谁能在这场变革中占得先机,谁就能率先降低经济社会转型成本并增强产业全球竞争力,就能在发展模式的根本转变中赢得主动。

2. 我国碳排放现状及建筑业碳排放趋势

2020年,全国的CO_2排放量是112亿t,包括40亿t供给侧碳排放和72亿t消费侧碳排放,供给侧碳排放主要包含了电力燃料等,其中电力占比约36%;消费侧碳排放主要包含工业、建筑、交通等,其中工业占44%,建筑占10%,交通占10%。上文的百分比数字指的是直接碳排放,因此当我们讨论碳排放时,

---

作者简介:林波荣,清华大学建筑学院副院长、长聘教授,生态规划与绿色建筑教育部重点实验室主任,教育部长江学者特聘教授,国家杰出青年基金获得者,中组部"万人计划"科技创新领军人才。

我们需要分清楚是直接碳排放、间接碳排放还是隐含碳排放。为了方便统计计量,根据 IPCC 有关定义划分了四个直接碳排放领域:工业、建筑、交通、电力。但是,建筑的碳排放不仅是直接碳排放,它还包含了使用热力、电力导致的间接碳排放。因此,建筑直接和间接的碳排放加起来大概是 22%,还有约 20% 是隐含碳排放,主要指的是建材的消耗导致的碳排放,这部分其实都跟工业相关。所以综合来看,建筑业的碳排放占比达到了 42%,这是一个很大的比例。

2021 年 10 月 24 日,《国务院关于印发 2030 年前碳达峰行动方案的通知》(国发〔2021〕23 号)提出了十大行动,主要为了达成以下几个目标:(1)产业结构和能源结构调整优化取得明显进展;(2)重点行业能源利用效率大幅提升,煤炭消费增长得到严格控制;(3)新型电力系统加快构建;(4)绿色低碳技术研发和推广应用取得新进展;(5)绿色生产生活方式得到推行;(6)有利于绿色低碳循环发展的政策体系进一步完善(图1)。

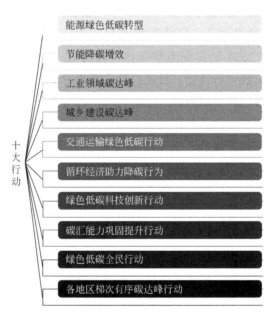

图 1　碳达峰行动方案

3. 巨大的挑战 VS 巨大的机遇

双碳目标的提出意味着巨大的挑战,事实上也是一个巨大的机遇。从挑战的角度来看,第一,中国尚处于工业化、城镇化快速发展时期,碳排放总量和强度双高现象还会持续;第二,我们从 2030 年前实现碳达峰到 2060 年前实现碳中和只有 30 年时间,美国是 42 年,欧盟主要发达国家是 70 多年;第三,从技术储备来看,我们国家目前的低碳、零碳、负碳的核心技术发展水平还不足以支撑碳

第二章 新理念 绿色低碳与创新发展

中和目标的实现。所以，这是一个巨大的挑战，同时我们也要看到其中的机遇。这里面有一个数据，每 1 元能源投资可以带来 9 元的社会福祉，每年 GDP 贡献率超过 2%，这是来源于全球能源互联网发展合作组织的测算。同时，碳中和必然会催生技术创新，驱动产业发展，创造大量的就业岗位。减污降碳协同增效，把降碳和环境治理结合起来会是未来社会发展的主旋律。因此，这里引用《斯特恩报告》来提示我们：问题不在于是否负担得起采取行动的成本，而是是否承受得起不采取行动的后果。碳中和是我们必须要面对的一个问题。

《国务院关于印发 2030 年前碳达峰行动方案的通知》（国发〔2021〕23 号）中强调了城乡建设碳达峰，主要有以下几点：(1) 推进城乡建设绿色低碳转型；(2) 加快提升建筑能效水平；(3) 加快优化建筑用能结构；(4) 推进农村建设和用能低碳转型。提出要求的同时，国务院也出台了一些政策保障城乡建设碳达峰目标的实现，有以下几项值得关注：(1) 建立统一规范的碳排放统计核算体系；(2) 健全法律法规标准；(3) 完善经济政策；(4) 建立健全市场化机制。

二、双碳转型下建筑行业科技创新的误区

1. 碳达峰/碳中和≠各行业碳达峰/碳中和/零排放

无论从国家还是省市层面来看，碳达峰和碳中和不等于每个行业都要碳达峰，每个行业都实现碳中和甚至零排放（图 2）。因为"双碳"目标的落实不是简单地要求四个子部门达峰或者中和。2060 年全社会碳中和状态下仍有 15 亿 t 左右的碳排放，最终需要我们通过碳汇或者其他方式来实现中和，关键是跨部门协同才能实现效益最大化，在不影响经济发展的同时实现科学系统减排。但是需要看到，建筑部门具备高质量达峰和提前碳中和的能力，可为其他部门碳中和创造更多的时间和空间，因此需要相应的政策激励和创新科技支撑。需要指出的是，发达国家的策略不一定可以直接为中国提供参考，因为欧盟和美国经济增长已基本与碳排放脱钩，中国的经济增长目前跟碳排放还是强相关关系。因此，我们要重视系统的解决方案，强化各个部门之间的协同状态，以实现"双碳"目标。

这里我们借用一张中国 21 世纪议程管理中心的图（图 3）来说明各部门协同的重要性。以大家熟悉的建筑行业为例，直接碳排放可能在 2026 年就达峰，直接加间接的碳排放预计在 2029 年就会达峰，2030 年碳排放开始下降，因此建筑部门可以率先达峰。但与此同时，工业与电力部门碳排放仍是增长状态，2030 年会达到峰值，交通部门碳排放一直到 2035 年仍处在增长过程。因此整体来看不是所有部门都会在 2030 年实现碳达峰。同样我们看到，2050 年建筑部门可以实现近零排放，交通也是如此，电力实现零排放，工业还有 13 亿 t 左右。所以

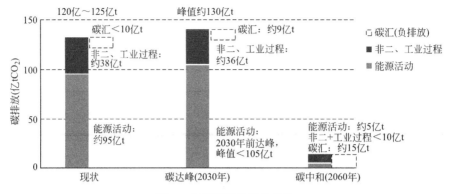

图 2 中国碳排放结构变化

到那时,我们的重点是工业部门碳中和,所以图 3 也告诉了我们碳达峰和碳中和的发展路径事实上是各部门协同、系统统筹优化的结果。

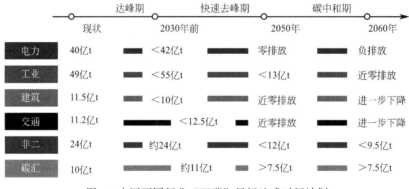

图 3 中国不同行业"双碳"目标达成时间计划

资料来源:中国 21 世纪议程管理中心

2. 城乡建设碳达峰行动/碳中和≠发展零碳建筑

建筑业减碳路径≠全面零碳建筑,这既缺乏规模效益,也无跨行业协同,成本高。从国内各地住建部门的补贴和工程实践可以看到,超低能耗建筑的增量成本约 600～1000 元/m^2,甚至更高。要打造零能耗和零碳排放建筑,增量成本会更高。

为此可能的解决方案(成本下降 50％的方案)是:推广建筑＋交通双向储/供电。推广一车(位)一桩的智能充电桩,利用电动车电池的双向充放电,为建筑用电零碳提供支撑(白天充电桩给电动车充电,夜间电力不足时电动车给建筑充电,解决 50％～60％外部电力补充问题);在建筑、轨道交通等的屋顶和立面安装 PV,解决建筑 10％～20％用电问题;推广冰/水蓄冷、风机水泵电梯变频等需求侧响应技术，解决10%～20%用电问题；合理利用周边绿电，解决20%～30%用电问题。

3. 碳达峰不能只抓新建建筑，忽视既有建筑

需要指出，既有建筑碳减排是关键。例如，某市既有建筑面积占比约85%，其中2000年前建成的建筑面积约占1/4，普遍存在节能标准落后、墙体窗户等围护结构老化、碳排放强度大等问题。如果我们只抓新建，事实上只抓住了碳排放的很小一部分。为此，我们需要做到以下几点：

一是调整既有建筑改造的重点、措施和经费使用方向。

（1）保温层改造补贴用于窗户改造、电气化改造或热力管网改造等收益投入比更高的方面；

（2）取消光热补贴，加大光电补贴；

（3）逐步降低超低能耗补贴，调整为对既有建筑采用低碳、零碳措施的补贴。

二是率先推进公共建筑低碳节能改造，逐步推进居住建筑低碳节能改造。

三是强化公共建筑能耗限额管理工作，提高建筑能源系统运维水平。

（1）重视提升运维专业化程度，提高运维团队专业化水平；

（2）鼓励应用智能建筑能源运营系统，研发碳排放精准识别与计量技术，研发基于人工智能的建筑智慧运维及与区域零碳能源的精准协同和高效调控技术。

三、2030碳达峰行动方案文件背后的创新技术解读

1. 能源升级

（1）低碳/零碳供暖

北方新型低碳清洁供暖系统：通过技术创新，充分利用核电、火电、工业生产余热，进行区域联网、集中供热，解决70%～80%的北方地区供暖需求问题。

• 为实现"双碳"目标，燃煤锅炉房、中小型火力发电厂将率先关停，新建燃煤电厂也将受到严格限制，如何获取零碳热源成为解决新时期北方供热问题的关键。

• 我国有丰富的低品位余热热源，包括核电余热，未来还将保留部分火电的余热，冶金、有色、化工、建材以及一批轻工产业生产过程排放的低品位余热，这些余热将成为我国北方城镇供暖的主导热源。

• 利用这些热源在冬季产生的余热，可以满足北方城镇70%左右的建筑供热热源需求，且在冬季供暖高峰期还需要补充15%左右的调峰热源。

可利用的余热包括：核电火电冷端余热，冶金、有色、化工、建材生产过程余热，大型数据中心冷却排热，垃圾焚烧、中水等市政余热。

关键技术:
- 释放方式不同,需有针对性的选取高效余热采集技术与装置;
- 温度品位各不相同,需要发展温度变换装置解决不同温度热量之间的匹配问题;
- 产热点与需求点地理位置不同,需解决长距离高效率低成本的热量输送问题;
- 绝大多数热量都是全年产生,而主要的热量需求集中在冬季,需要大型跨季节高效蓄热装置和系统。

基于吸收式换热/水热同送的集中供热技术:
- 提高热网的输送能力50%以上;
- 增大热源供热能力30%以上,降低供热能耗40%。

(2) 供暖、热水、炊事电气化/可再生化
- 蒸汽全电气化:小型电驱动热泵蒸汽发生器(0.5t/h),用于医院蒸汽消毒、洗衣房等(低压闪蒸,压缩机辅助);实现部分负荷部分压缩比下的高效调节。
- 热泵制备生活热水(CO_2为工质)从空气中或排水中提取热量,COP可达3。

非集中供暖地区建筑供暖——利用热泵替代锅炉制备热量(中温)。

建筑供暖热源:
- 空气源热泵:在北方农村"煤改电"中得到广泛应用,运行费为燃气一半;
- 污水源热泵:利用城市污水提取热量,COP可达4;
- 土壤源热泵:垂直埋管,管内水循环,获得约10℃热量,再由热泵提升;
- 中深层地源热泵:垂直2500m左右深井埋管,管内水循环,取热不取水。

炊事方面则需要推广智能变频电气灶,例如北京大兴国际机场航站楼推行炊事全电气化,但里面的美食依然还是很可口。

(3) 光储直柔+源网荷储用

光储直柔系统:指的是配置分布式光伏和储能系统,采用直流电气系统,且末端设备具备柔性和智能化用电调节能力的建筑新型能源系统,目标是柔,光伏、蓄电池和直流化都是手段,关键是提升电网柔性。

(4) 建筑与电动车协同、区域协同(绿电跨区)

电动汽车是移动的储能,在配网侧可以替代其他类型储能,1万辆车储能=500MWh(储电站),私人电动汽车负荷对时间不敏感,90%的电动车都是静止的。小区里电动汽车同时充电的比例很低,充电桩的利用率不到10%。

建筑＋交通协同减碳：采用"太阳能光伏＋电动车储电＋建筑用电"的区域级别的光储直柔供配电系统。社区智慧虚拟电网：私人小汽车高比例电气化（利用电动汽车的蓄放电功能），提升城区的电力系统柔性能力：

- 一个停车位＋1个PV智能充电桩，白天光伏给电动车充电，夜间电动车给建筑充电50%～70%用电；
- 建筑屋顶和立面光伏一体化，解决10%～20%的用电问题（建筑物、轻轨、污水处理厂等构筑物屋顶）；
- 通过标准引领、推广示范冰蓄冷、水蓄冷等需求侧响应用电技术，以及风机水泵电梯变频技术。

光储直柔建筑可以依靠零碳电力运行，关键是柔性调节和储能、蓄热技术；

- 在百公里内有风电、光电基地；
- 每晚向风电光电控制中心提交第二天的总用电量和负载用电曲线；
- 控制中心根据气象预报得到风电光电的变化，确定各个建筑第二天用电曲线，使风电光电有效消纳，而各座建筑蓄能调节量最小；
- 各座光储直柔建筑严格按照要求的用电曲线调节，实现零碳用电。

在全电气化前提下，大力发展蓄热/冷系统、围护结构、水泵风机电梯变频等技术，实现从源随荷变→荷随源变。

2. 低碳目标导向的建筑设计优化新方法

（1）强化乘法效应（图4）：建筑的能耗和碳排放有一个乘法效应，我们可以在传统的降低强度和提高建筑的能效的基础上，通过设计优化把空间和时间的潜力挖掘出来。

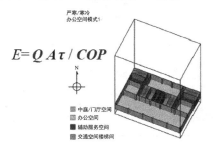

➢ 合理控制空调供暖照明的规模、区域和时间；
➢ 合理设置少用能、不用能空间；"小空间保证、大空间过渡"

图4　低碳目标导向的建筑设计中的强化乘法效应

(2) 突破以低碳为导向的全过程建筑设计优化方法（AI智能设计）（图5）。

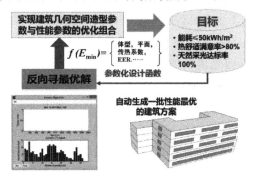

图5 突破以低碳为导向的全过程建筑设计优化方法（AI智能设计）

例如东莞生态园办公楼：分区控温，中庭不控温，自然通风。利用自然通风后，空调时间可缩短40d左右；单项技术可降低空调耗电量约15%，折合22.3万 kWh/a；荣获2017年国际气候大会 Construction 21 全球绿色建筑智慧解决方案奖第2名；全国绿色建筑创新奖一等奖；三星级绿色建筑运行标识项目；实测能耗：50kWh/（m²·a），节能55%；用户满意度＞85%。

3. 低碳建材和高性能围护结构

（1）搭建再生建材节能的全生命周期体系，关注高性能新材料如气凝胶超级绝热材料，辐射自然降温材料，热电材料（常温自发电）等，这在未来的五到十年都有可能实现颠覆性的发展（图6）。

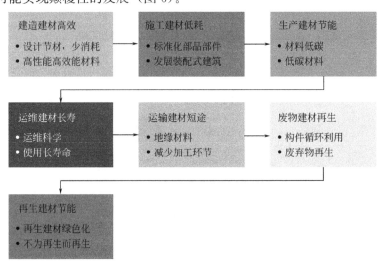

图6 再生建材节能的全生命周期

（2）不同结构体系碳排放差异大（图7）。

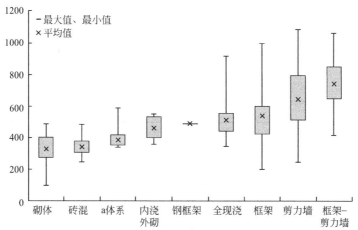

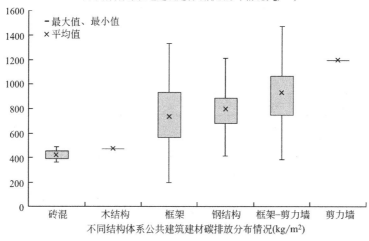

图7 不同结构体系间的碳排放差异

资料来源：彭渤.绿色建筑全生命周期能耗及二氧化碳排放案例研究.清华大学，2012

住宅建筑：框架-剪力墙＞剪力墙＞框架＞砌体＞钢结构＞内浇外砌；碳排放最高为最低的1.6倍；

公共建筑：剪力墙＞框架-剪力墙＞钢结构＞框架＞木结构，碳排放最高为最低的3倍。

所以，未来需用政策、标准、价格强化引领低碳结构体系的应用。

（3）推广低碳结构和高性能建材。

- 高性能钢材、高性能纤维复合材料、高性能水泥基材料的高性能结构体系；
- 基于钢材、纤维复合材料、水泥基材料、竹木材料等复合应用的高性能结构体系；

- 减少水泥、钢筋、玻璃等高碳建材使用；
- 形成以低碳为目标导向的建筑设计新美学：使用竹木材料、利用植物纤维或残渣制成的新型环保建材。

（4）高性能可调节围护结构展望（表1）。

不同类型高性能可调节围护结构 表1

围护结构种类		分项			备注
透光型	双层皮玻璃幕墙	外循环自然通风	外循环机械通风	内循环机械通风	可同时调节 ka,as
	活动遮阳装置	活动外遮阳	活动内遮阳	活动夹层遮阳	主要调节 as
	性能可变玻璃	电控玻璃	温控玻璃		主要调节 as
	膜结构	多层充气膜结构			主要调节 as
非透光	通风散热	通风外墙	通风屋顶	点幕	同时调节 ka,as
	新技术墙体*	热二极管	热开关	热稳定器	主要调节 ka
	特隆布墙（Trombe）	自然通风式	机械通风式		同时调节 ka,as
	相变结构	相变墙	相变地板		调节 ka 或者是 as
	植被形式	植被屋面	植被外墙		主要调节 as
	辐射冷却*	辐射冷却屋顶			主要调节 as
	热管散热*	墙体嵌入式热管			主要调节 ka

* 为补充的新型围护结构，后续详细展开介绍。

- 新技术墙体——热二极管、热稳定器、热开关基本原理（图8）。

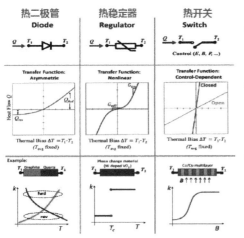

- **热二极管**：利用热敏热阻、跳跃液滴等方式形成**单向导热**
  （$T_1 > T_2$，导热；$T_1 < T_2$，不导热）
- **热稳定器**：基于温度控制形成高导热与低导热的切换，以保证**温度恒定**
  （$\triangle T$大，K大；$\triangle T$小，K小）
- **热开关**：利用形状记忆材料、磁场等方式形成**导热系数变化**。
  （B大，K大；B小，K小）

图8 新技术墙体——热二极管、热稳定器、热开关基本原理

资料来源：Geoff Wehmeyer, Tomohide Yabuki, Christian Monachon, et al. Thermal diodes, regulators, and switches: Physical mechanisms and potential applications [J]. Applied Physics Reviews，2017（4）：041304.

- 新技术墙体——围护结构热二极管的应用（图9）。

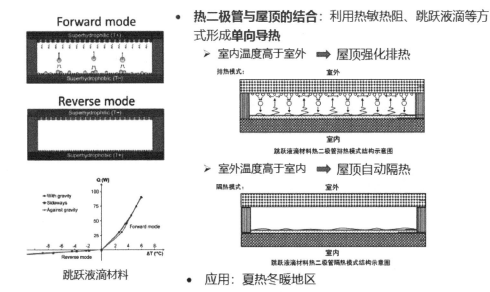

图9　新技术墙体——围护结构热二极管的应用

- 新技术墙体——围护结构热开关的应用（图10）。

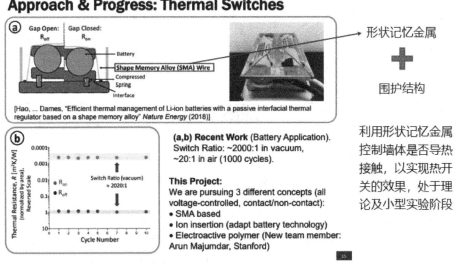

图10　新技术墙体——围护结构热开关的应用

- 辐射冷却——原理（图11）。

4. 室内环境营造理念、方法和技术创新（图12）

(1)"部分时间、局部空间"的室内环境营造方式：低碳、健康；

- **辐射制冷**是指热物体通过大气的红外透明窗口，利用黑体辐射的方式，将热量辐射到外空间的冷阱中，从而达到制冷的一种方式。
- 对于常温物体（300K），长波辐射强度最大波段为8~13μm，与大气窗口相吻合。
- 为实现白天辐射冷却，材料物性需满足：**1.可见光与近红外波段高反射率**；**2.大气窗口波段高发射率**。

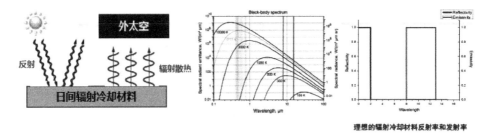

图 11 辐射冷却——原理

（2）空间可变，环境可调：个性化、自然化、健康化；

（3）围护结构、供暖、空调、照明相关产品的全面变革。

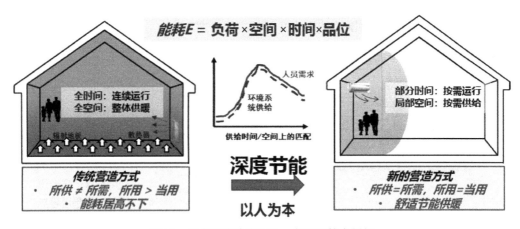

图 12 室内环境营造理念、方法和技术创新

我们要从传统的全时间、全空间的设计变为部分时间、局部空间的设计。传统营造方式，所供不等于所需，所用会大于当用，我们采用新的方式要针对人，以人为核心、以人为本来实现精确供给，从而实现所供等于所需，所用等于当用。这样在基于空间可变，环境可调，个性化、自然化和健康化的"三化"理念下来实现围护结构、供暖、空调、照明系统的产品变革。

5. 关注颠覆性低碳零碳技术（图13）

既有建筑的智慧运维（科技变革）：BIM-IoT空间实测技术、多维环境/能耗

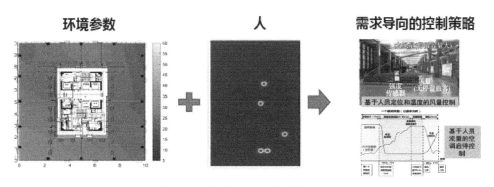

图 13 关注颠覆性低碳零碳技术

场和人体健康关联的海量数据挖掘技术、空间流线、健康低碳的 AI 运维技术等。

(1) 社区尺度/室内外环境场构建、可视化与风险预警（图 14）

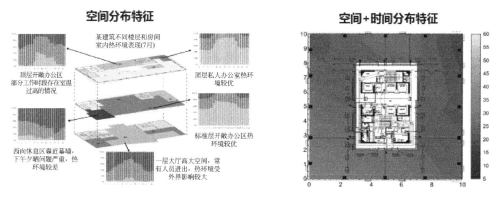

图 14 社区尺度/室内外环境场构建、可视化与风险预警

取代传统静态的集总参数法，可分时段、分区域对室内环境性能表现进行精细化剖析和靶向诊断。

(2) 社区尺度/室内外环境场构建、可视化与风险预警

另外，我们还要从电动汽车充放电来学习经验。最早的谷歌 nest 根据收集到的人的个性化调节数据，实现对室内供暖的自动化控制。未来，我们完全可以把这样的方式用到空调以及其他电器上，但电器必须是直流电，可以拥有蓄电功能。现如今，电动汽车 APP 可以帮助用户在夜间低谷电价的时候预约充电，我们畅想所有建筑的电器都可以实现自动预约充电和双向供电，未来电器的高效利用很显然可以从源头上帮助我们实现深度减碳。

最后，笔者做出总结："双碳"目标下的建设领域科技创新应避免"运动式"减碳，要科学有序推进，抢抓科研范式变革新机遇，增强源头创新，注重问题导向与场景驱动。

第三章

新策略
地产转型与高质量发展

房地产生态链及房企转型

赵 可

一、转型的时代背景和统计依据

最近几年，房地产公司都在尝试向多元化转型，有的转型方向和房地产相关，也有的选择跨行业转型，比如转向医美、传媒等行业。通常，企业的跨行业转型成功概率较低，并不会比创业型公司或者VC的成功概率高，这个不在本次的探讨范围之内。本次探讨的转型主要是指和房地产相关的一些转型。

现阶段，多数房地产企业的住宅开发是核心，但"转型"正在进行，这和房地产发展阶段密切相关。当前有数据显示我国城镇化率已经达到64%，处于快速发展阶段的尾部，接近成熟阶段，真正实现全面转型需要到10年后，但我们需要未雨绸缪，提前考虑企业的永续经营问题。就城镇化是否完成的话题，现在普遍存在争议，但是在配套设施方面，毫无疑问我们国家的一二线城市和发达国家相比仍存在着差异，教育、医疗配套、轨道交通都存在着这种情况。以东莞某楼盘为例，其所处区域较为适合居住，但是周边2km内购物和医疗设施匮乏，生活并不便利，所以城镇化并未达到一个完善的水平。从微观层面来讲，城镇化依旧有发展空间，城镇化率大概是从64%上升到70%～75%的饱和区间，因为理论上一般从70%上升到75%，差不多还要十年左右的时间。中国花了更少的时间实现了城镇化的更快发展，在城镇化发展同样阶段，中国房价上涨相对海外更快，这其实就是为什么中国的房地产转型迫在眉睫的一个原因（图1）。

另外，房价上涨的约束条件也越来越多，其中房价上涨表面的限制就是行业负债率的限制。以申万房地产为例，其行业净负债率变化趋势如图2所示。在2008—2018年，房地产行业处于加杠杆周期，2018年以后开始步入降杠杆周期。2020年三道红线政策公布。2018年以来提到的"稳地价、稳房价、稳预期"，现在是行业标配，所谓"稳"的意思就是房价在一定范围内波动，不可以大涨大跌。

社会的高杠杆发展通常会抑制企业的创新能力，这是因为企业可以通过资本

作者简介：赵可，招商证券与清华大学联合培养应用经济学博士后，中南大学与多伦多大学联合培养管理学博士，招商证券研究发展中心房地产行业首席分析师，REITs研究组执行组长，董事，深圳市高层次人才，高级经济师。

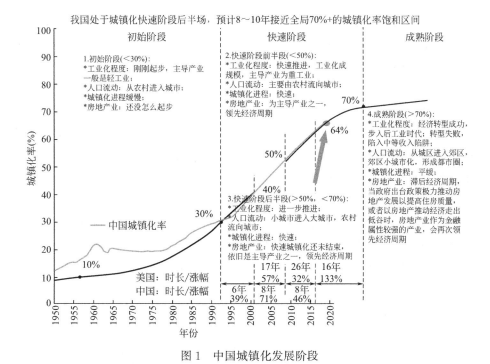

图 1 中国城镇化发展阶段

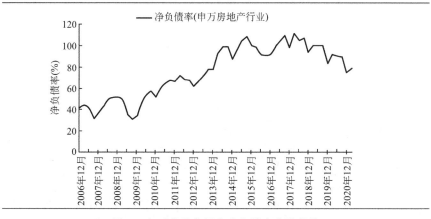

图 2 申万房地产行业净负债率变化趋势

资料来源：Wind，招商证券

博取更多的收益，无意通过创新和管理来实现更多利润。针对房地产行业的发展现状，高杠杆模式已经不可持续，其最根本原因是土地供应制度，具体就是存在住宅和工业用地价格的剪刀差，住宅补贴工业会导致房价变化从而影响到民生，中国经济发展的"后发优势"变为"后发劣势"。土地供给结构对国民经济发展造成了较大压力,简单而言,货币和需求并不是拉动房价上涨的最大因素,流动人口的数量也无法完全解释长期房价高速上涨的现象。低廉的工业用地价格变相提升了住房价格,由于长期的住房补贴工业,房价高的现状已经影响到民生,政府不得不进行结构性改革,过去"一刀切"式政策一去不复返。房价的快速上涨,影响到了新市民购房,甚至高收入群体买房也会感觉较为吃力。所以"三稳"政策未来应该是长期执行的政策,这样做才能用时间换空间,使得我们整个补贴架构慢慢回到正常水平。针对人口流入较多的城市,可通过加大保障性租赁住宅的供应来缓解住房紧张的问题。

任何行业发展都有周期规律,不能用现在的行业发展现状来否定过去的政策,我们需要行业发展的持续性来帮助大家去缓解问题,问题得到缓解后,整个经济体的创新能力也会得到激发,转化过去的发展模式需要一定时间。

图3完整地体现了中国房地产的三个时代,分别是土地红利时代、金融红利时代和管理红利时代。

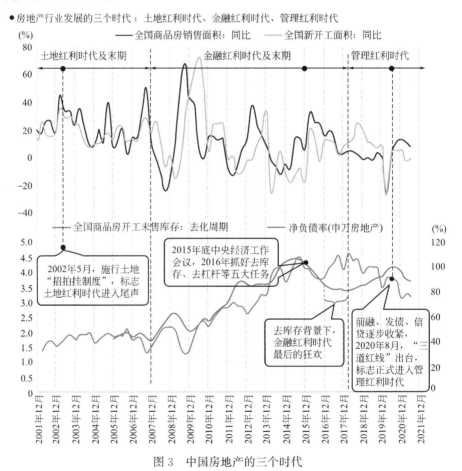

图3 中国房地产的三个时代

土地红利时代就是房地产市场化以来,1998—2007年的这段时间。可以从图3看到房企销售和开工是一个较为同步的变量,因为销售能带来现金流入,开工就是补库存。换句话说,开工跟销售的同步性实际上是建立在一些底层变量之上,这种底层变量表现为数据的波动,有接近十年时间房地产没有出现负增长,行业发展周期永远在右侧,即便中间有同比数据回落,但幅度较小;但是到了2008年以后,两个变量表现出了明显的领先滞后关系,比如说2008年、2012年或者2014年、2015年这样的周期,负增长压制了房企和购房者的行为,体现为数据关系上的滞后。而这段时间的数据表明,部分房地产研究者所固化的一个思维,认为销售一定领先于开工。如果从长远视角来看,它是不全面的。因为变量的拉长性,从数据上分析即因为有负增长存在。背后的原因就是杠杆放大了波动,让周期的波动比较容易触发负增长,从而引发了数据变化较为滞后。

从2015年开始去杠杆,2018年以后更加明显。过去一些依赖于杠杆周转的商业模式遇到了很大的挑战,这些公司出现增长乏力或者暴雷的经营状况。所以管理红利时代的增长内涵就是不过度依赖于负债或者杠杆来驱动房地产发展,采用的不是依靠囤地来发展的商业模式,而是一种比较接近于制造业的稳健性发展模式,但又有别于制造业,仍将合理地驾驭杠杆。

简单说,虽然城镇化没有进入饱和阶段,但房价的上涨受到了约束,商业模式将被倒逼改变,这就是整个转型的大背景。此外,针对购房市场和资本市场,都急需对房地产进行估值体系切换。过去,在加杠杆阶段按照成长股来进行估值,以后可能会切换成收益法估值这种更有效的方式。当然,这种转变不是一蹴而就的,但是它意味着整体估值逻辑发生改变。

1998年之后,中国的房地产转为以售和购为主,供应短缺是背景。2022年市场结构已经发生变化,未来"租售并举"增加,租赁包括保障住房和市场化租赁,这个可能是未来发展方向。当然,这里也隐含了更多房地产行业的转型,相关的产业链也会发生变化。

房地产业增加值涵盖了开发经营、物业管理、中介服务以及租赁经营等四大类。房地产业增加值的统计口径基于《国民经济行业分类》标准,历史上《国民经济行业分类》标准经过两次调整(图4)。

根据美国和日本的发展经验来看,房地产行业在未来依旧是国民经济的重要支柱。美国和日本房地产业增加值占GDP的比例,即便在城镇化饱和之后依然在提升,建筑业增加值反而在下降。房地产业增加值对GDP的贡献不降反升,这是一个"出乎预料"的结果。当然,每个国家可能有区别,比如说英国并不体现这个特点。

为了使房地产更好促进整个经济发展,对经济增量做到有所贡献,房地产行

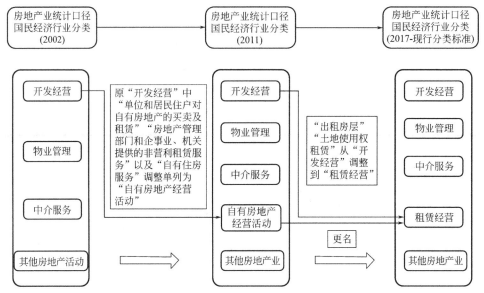

图 4　房地产业增加值分类口径变化

资料来源：统计局，招商证券

业必须发生转型，转型方向自然就回到了两大块：顺延于开发的转型以及围绕产业链的转型（图5）。

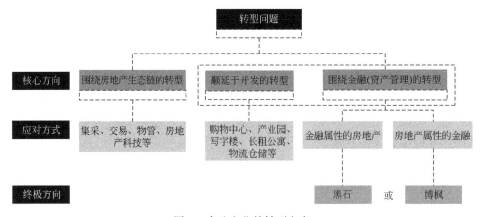

图 5　房地产业的转型方向

二、顺延于开发的转型：购物中心/写字楼/产业园/长租房等

作为人们较为熟悉的资产类型，购物中心其实是一个消费场所、经营流量的主体，本质上跟线上互联网购物网站区别并不大。两者都是经营流量，然后给自己的商户带来更多的营业额增长，同时从增长的营业额中去分享收入。我们国家

购物中心的增速在放缓,这种现象在一二线城市的核心地段表现得尤为明显。大约在2014年和2015年,较多的房企都向购物中心方面进行转型。房企中有的亲力亲为,从头做起,有的依靠并购实现管理规模的增长。

未来购物中心的发展主要依赖于内容,过去互联网经济对线下的经营流量、产品渠道和成本产生了巨大冲击。经过一段时间的彼此竞争,线上线下的渠道成本开始逐步拉平。线上经济的发展反倒给线下带来一些机会,尤其给一站式购物中心带来更多机会。线上的一些知名品牌成为线下所经营的内容,线上和线下经济的发展都是依赖于行业供应和品牌商体系,二者在这方面是相通的。

从消费者角度来看,购物中心运营需要内容,而线上品牌正好可以满足这一需求。尽管购物中心的卡位已经告一阶段,但是内容的运营仍旧在向纵深发展,这为购物中心的发展提供了更多机会。购物中心的规划设计也同样重要,停车场车位数量以及出入口的设计等对于消费者的体验至关重要,这些都关乎设计。此外,购物中心的管理能力对于购物中心的发展具有重要意义,比如洗手间的细节就是一个比较重要的点,关乎运维。此外,购物中心的营销能力也是关键因素。这三者是除了单体面积之外,一站式购物中心发展的三个核心要素。

并非开展购物中心业务的房企就一定是优秀的,开发,购物中心,物流,都只是房企资产配置的组合元素,对整体现金流稳健的驾驭是更重要的。只不过购物中心通常能给企业带来更稳定现金流;同时,执行力强的房企,通常为了做好购物中心的布局,会保持资产负债表的稳健,维持和金融机构的良好关系,保持较低的融资成本,所以,较低的融资成本可能是个结果。当然,它又反过来促进企业更良性的布局购物中心和持有型物业,两者相互促进。

写字楼也是房企转型的一个主要方向。中国的写字楼总体上数量过剩,这个和住宅补贴工业的发展模式相关,部分地方政府为了进行招商引资,以较为低廉的写字楼价格吸引企业入驻。由于写字楼总量过剩,未来可以考虑将部分写字楼转换为租赁住房,借以缓解租赁住房的短缺,同时解决写字楼市场过剩的问题。

产业园和写字楼具备共性,也有区别,贡献GDP发展的较大一部分都来自产业园,如果只是为了干产业园而干产业园,那它就只会是写字楼。诸如一些美其名曰的创新型产业园、医药生物产业园和芯片产业园,可能实际的情况并不会对产业带来吸引力和贡献。所以名字并不重要,重要的是要理解什么样的产业园具备内生发展能力。以苹果手机为例来说明产业园的发展,苹果手机的生产需要相关供应链企业的支持,这也就带动国内相关加工制造企业的发展,最终供应链企业发展起来以后,给国内手机生产商创造了较好的条件,包括推行标准化和降低成本,近几年小米和OPPO,甚至华为手机的崛起就是例子。造车也是类似,也是一种依靠海外核心企业拉动国内产业链成长,从而反哺国内整车制造商。

房地产还有一个细分行业——物流行业，和住宅一样，中国物流土地获取并不是特别的市场化，物流用地也便宜。我国通用仓储总量大，但人均仓储面积较低，且高标仓较为紧缺，对比发达国家仍有较大发展空间，标准的物流仓库比较少，尤其在一二线城市这种现象更为明显。目前来看，供应端的特点比诸如互联网电商发展带来的需求端特点对行业影响更大。

房企转型还有一个方向是长租房。在长租房的发展历程中，部分公司过于高估长租公寓收益，在前期投入过大，由于政策的限制，房租的上涨盈利空间受到限制，最终导致亏损。一方面，长租房的运营是一个长期过程；另一方面，保障房解决了超低收入群体的住房诉求，部分新市民和年轻人的住宿需要长租房来解决，长租房运营商需要研究此类群体的主要需求和消费特点，如果对这一细分需求加以解决将会占得较大市场份额。

从更长的维度来看，如果房屋的租赁配比能够达到一定水平，比如达到新加坡或者德国的水平，那商品房的限价政策也会逐步放开，这是解决当前住房市场结构问题的一个方向，也是未来房企转型的一个主要方向。

三、围绕产业链的转型：上下游产业链/交易/管理/PropTech

过去十年，房地产行业的痛点隐藏在房价的大幅上涨之下。未来十年，房价增速进入区间管理时代，痛点凸显，痛点的背后则是围绕房地产产业链多彩多样的机会。房地产市场是一个长链条，从设计到建造到交易，再到资产管理是一环扣一环，这些环节上其实未来都有机会出现（图6）。针对销售、投资、降本增效，可以通过科技赋能房地产的多个环节。最近几年，许多房企CVC加入了这个阵营。

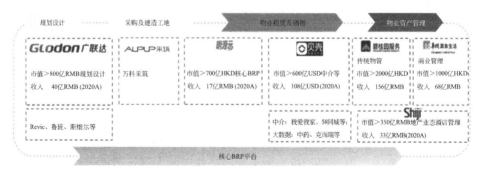

图6 房地产行业广义产业链

资料来源：招商证券

例如一家在这方面有代表性的企业做的事情就是发现行业中好的产业链赛道，或者是去投资跟房地产业务有关系的产业，然后利用自己的开发和物业优势去孵化这些公司，这一过程背后其实是行业供应商集中度提高的表现。很多房产公司再通过产品力的形式去赋能，比如说用一些高分子材料来缩短工时，用更好的产品力来达到提高去化的目的，在拿地环节增加土地获取的可能性等，在整体供应链的多个环节相关公司都可以参与进去。

整个地产供应链是未来行业发展的重点，未来地产行业的竞争不再是房企之间的竞争，而是房地产所在供应链之间的竞争。竞争的核心在于如何友善地对待供应链上的企业，在2008—2018年的加杠杆行业发展过程中，房企取得跨越式大发展，供应商获得的相关订单量激增，也放松了对于回款的要求。近期，暴雷房企拖欠供应商货款的情况较多，这对于后续供应链企业的发展带来了较大经营压力（图7）。

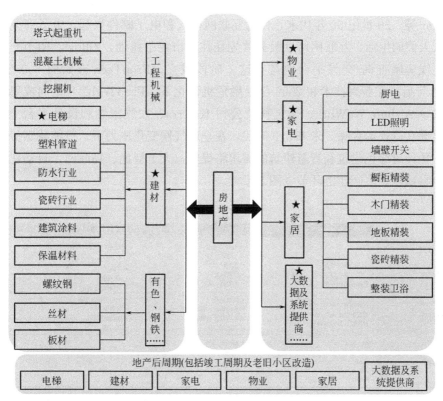

注：地产后周期涉及行业用★进行标注

图7　房地产产业链上游

在供应链中，房地产企业的核心地位是确定的，但未来能否成功运用产业链赋能房企，取决于房企的运作是以改善现金流结构为目的还是转嫁杠杆为目的。过去部分房企过度转嫁杠杆，造成了所在产业链（供应商）资金链的相对吃紧和高波动，最后"赔了夫人又折兵"。

另一类房企转化了这种优势，利用供应链融资等手段来改善供应链的现金流波动，实现多方得利，产业链核心地位增加了公司的无息负债，改善了公司的现金流结构同时也使得供应商取得了比其他企业更具竞争力的支付条件，供应链环节的融资成本和供应商的毛利下降基本对冲，但核心在于这种供需关系的稳定和低波动增加了长期信任，锁定了整个产业链闭环的风险敞口。

下文介绍一下房地产科技发展，房地产科技创新最早由美国传入中国。中国的房地产科技渗透率在全球目前是最低的，行业过去太赚钱了，没有人注重产品，没有人注重流程优化，现在行业发展逻辑逐步发生变化。20世纪80年代，信息技术的春风开始温暖美国房地产行业，PropTech1.0时代开启，数据量和算力的提升促使一批提供并分析房地产数据的软件商崛起，包括Argus、Yardi、Costar等。20世纪90年代末，伴随互联网接入和电子邮件兴起，电子商务开始进入人们的生活，互联网信息服务首先在住宅市场中蓬勃，Zillow、Redfin等知名在线房屋查询/交易平台便是在这一阶段成立，PropTech开始向2.0过渡。2000年后，在新兴技术和2008年金融危机催化下，PropTech2.0走向成熟，空间共享Airbnb/WeWork、建筑科技公司Katerra、在线家装和设计平台Houzz等逐渐获得资本青睐。未来3.0时代，在全球气候变化压力下，节能减碳势在必行，预计对绿色建筑和智慧建筑的需求将提升，人工智能、物联网、自动化等技术也将赋能更多产业链环节（图8）。

	1980—2000年 Prop Tech 1.0	2000—2020年 Prop Tech 2.0	2020—未来 Prop Tech 3.0
重点物业类型	住宅	住宅、办公	住宅、办公、零售、混合用途
技术驱动	• 个人电脑的普及 • 大型计算机日益经济、有效 • 数据存储和分析	• 互联网 • 移动设备 • 大数据、云计算	• 人工智能&深度学习 • 区块链 • AR/VR • 物联网&自动化
发展趋势	• 在线销售平台 • 建筑科技(ConTech) • 数据驱动型市场研究	• 共享地产 • 智能建筑、智能家居 • 室内设计装修平台 • 大数据分析	• 全周期交易服务 • 机器人 • 自动化建造 • 3D打印
代表公司	• Autodesk • CoStar Group • Yardi • Zillow • Redfin	• Airbnb • Katerra • Houzz • Wework • Procure	

图8 美国PropTech各阶段驱动因素及发展趋势

资料来源：牛津大学，招商证券

四、转型终极方向和载体：黑石VS博枫

在房地产金融方面，未来将会有机会出现较大的公司。当前，两类企业做的

较为成功,分别是偏运营类资管公司——黑石和偏金融类资管公司——博枫。前者主要业务为房地产的买入、修复、出售,通过周转和运营提升来赚钱。博枫作为加拿大以能源为主业的家族企业,业务发展范围主要是在本国城镇化饱和之后转向全球。博枫有完整的私募股权和对冲基金架构来保证一个资产从前端到后端退出的全过程,家族的传承或进一步倒逼了运营能力。在经营过程中,会把好的资产尽量拿在自己手里,最终倒逼运营管理能力提高(图9,表1)。

博枫资管:起步于不动产运管,逐步开始资产管理

01 初创和业务扩张(1899—1990年)
- 公司前身在圣保罗主要开展有轨电车和电力线路业务,大部分时间在美洲地区运营基础设施和房地产项目
- 1990年时已经发展成为一家"多元化的"资产集团,业务涵盖银行、啤酒、棒球、林业以及矿业等

02 业务收缩与转型初探(1990—2000年)
- 20世纪90年代初期经济衰退的困境后,公司缩小了业务范围
- 20世纪90年代金融危机后,公司尝试转型,两个重要因素,一是地产融不到钱,市场上出现很多便宜优质资产;二是低利率环境下资管公司等有渠道融到很多低成本资金(1988—2005年);博枫开始买入市场上的便宜优质资产,如收购曼哈顿西城1号(成名作)

03 快速增长(2000年至今)
- 21世纪初,博枫开始使用第三方资金投资;21世纪中期,开始募集私募基金投资于房地产、基础设施、私募股权和能源等领域
- 2009年,金融危机后Brookfield以优秀的估值识别和获取高质量的资产

黑石:起步于私募股权,逐步开始房地产类投资

01 理念形成(1985—1990年)
- 1985年,Peter G.Peterson和Stephen A. Schwarzman以40万美金创立黑石,此时的黑石以私募股权为主营业务

02 多元化布局(1990—2007年)
- 在该阶段内,黑石实现了多元化业务布局,并于1992年开始投资房地产;投资范围包括私募股权基金、REITs(房地产投资基金)、对冲基金、信贷导向型基金等领域

03 转型与扩张(2008年至今)
- 2008年是黑石业务转型一个重要的转折点,金融危机爆发以后,黑石决定在房地产市场趋稳之前暂时停止出售、房地产公司投资;2009年后,黑石设立了若干支REITs,并在全球房地产市场趋于稳定之后进行大规模投资,目前已成为其主要业务

图9 黑石与博枫发展历程

资料来源:公司官网、公司年报、招商证券

博枫与黑石对比 表1

	博枫(偏运营类资管公司)	黑石(偏金融类资管公司)
企业基因	家族办公室,房地产基因	兼并和收购咨询服务起家,金融基因
企业本质	经营+资管双轮驱动	金融投资为本质
投资理念	"投资+运营"模式	"买入被低估资产、修复、增值后退出"("buy-fix-sell")模式
核心竞争力	消化大型资产包组合,平均投资周期一般为10~15年	锚定已稳定产生现金流的资产,投资周期一般为2~3年
介入阶段	全产业链:研策、开发、建设、招商、运营	较少参与项目前期取地开发阶段
退出方式	少数非核心资产出售,大多数核心资产继续持有	上市或整体出售

资料来源:公开资料整理,招商证券

观察美国历史可以发现，城镇化率达到 70% 后，REITs 立法应运而生，经过 60 年发展，目前 REITs 市值超过 1.3 万亿美元。从日本可以观察到同样的特点，也是在城镇化率突破 70% 之后，REITs 才立法并迎来快速发展。地产运营的两个极端是全部持有且经营物业以及出售物业。REITs 的运营比较接近于出售行为，但又不是完全出售，因为 REITs 现金流的稳健依赖于原始权益人，或者是有管理能力来保持流程的稳定性，原始权益人的动机也不是处置资产，而是控制更多资产（图 10）。

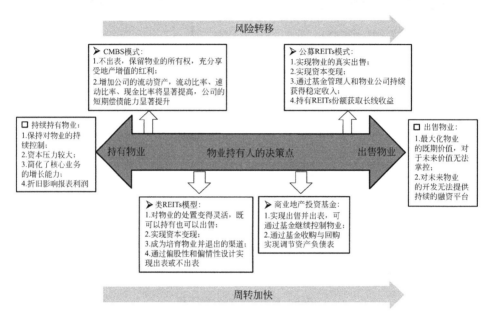

图 10　房地产公司变现模式渐变图

资料来源：招商证券

五、当下开发业务的转型：从现金流视角捕获管理红利

当下的房地产公司大概有三类：第一类是长期经营稳健的；第二类是择时能力较强的；第三类是暴雷的房企，下面将分别介绍。公司 A、公司 B 的运营由长期经营性现金流入主导，具备更大的周期的平滑能力，抗周期扰动能力，对现金流的驾驭能力更强，即使有短期的决策错误和政策干扰，也能很快纠正过来，这种公司在百强房企里面可能不到十家，未来最有可能穿越周期迎来长远发展（图 11）。

公司 C 具有较强的择时能力（并购的本质就是择时）和止损能力，现金回流较快，经营业绩弹性更大，但周期大幅下行阶段压力并不小，容错率相对第一类公司更小，另外，择时并不是所有公司所能具备的能力（图 12）。

图 11　经营稳健的公司现金流模型

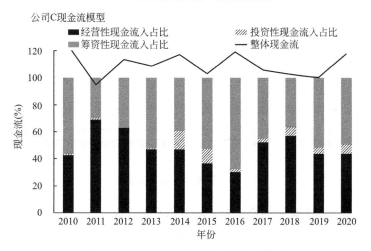

图 12　择时能力较强的公司现金流模型

大部分暴雷房企有个共同特点：将筹资作为资金流入的主要来源，这些公司的稳健性相对更弱。一方面，遇到行业下行周期或者政策调整，企业抵抗力就会变得更弱，更容易出现风险事件；另一方面，国企、央企里面其实也有很多驾驭杠杆能力比较弱的，这些公司由于具有较强融资能力仍能不发生信用违约事件。如果这些公司不及时调整未来商业模式，可能市场份额会越来越小。

以公司D现金流变化为例，可以看到暴雷房企不能平衡筹资性现金流和经营性现金流变化情况，企业发展主要依靠筹资性现金流流入，不具备长期造血能力，最终使得企业经营陷入困境（图13）。

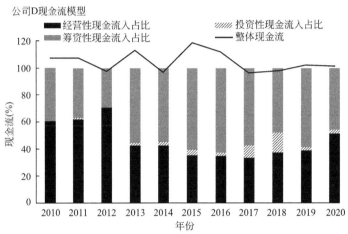

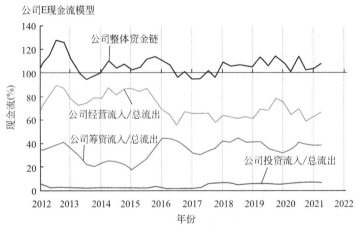

图13 暴雷房企现金流模型

具备以下五要素优势的房企未来将胜出（图14）。

1. 产品定位。过去五到十年间，鲜有企业讨论房地产的产品定位，尤其做投资的时候，大家较为关注的都是资产弹性，在房价上涨较快的发展阶段，即使

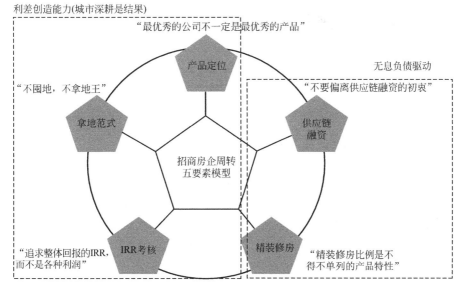

图 14　房企周转五要素模型

拿错地，房子也能快速销售，对于企业发展影响较小，现在产品定位越来越重要，需要选择合适的地块和产品类型，以及客源营销都要精心策划。

2. 拿地范式。通过加杠杆拿地扩张，实现规模快速增长，这属于金融红利时代的典型发展模式。但是当金融红利时代过去后，囤地赌增值的发展模式显然已经失效，因此拿地范式要发生转变，未来房企拿地要从项目层面出发，以自下而上的角度去创造价值，不要轻易做未来房价上涨 10%～20% 这样一种不切实际的假设。

3. 追求项目整体的 IRR 考核。IRR 对企业的影响比利润率更重要，利润率要考虑项目到底能不能盘活，能不能准时推售去化，而 IRR 从更全面的角度去理解公司的盈利能力。

4. 精装修房。精装修部分毛利率较高，房企可以通过精装修房来提高利润率。另外，这也是增加房企无息负债的办法，精装修表面延长了工期，但实际却增加了回款，而且这种回款会形成大资金池。

5. 供应链融资。供应链可以增加房企的无息负债，但是使用过程中不能偏离供应商融资的初衷，不能沦为变相融资。供应链融资缓解了房企资产负债表压力，同时通过其他金融手段把钱更快给到供应商。因为房地产行业回款周期慢，相比部分制造业，房地产行业是真需要构建供应链融资生态的。

另外有相关的静态模型，结合上文的动态模型，可以对房地产公司的过往发展加以总结，并且对未来房地产公司的发展路径提供借鉴。

绿色金融促进绿色建筑高质量发展

赵建勋

一、绿色金融助力绿色建筑的新进展

2021年，国家发布"双碳"政策之后，绿色金融支持绿色建筑领域出现很多新进展。通过绿色金融支持绿色建筑，加快了我国的生态文明战略的实施。对外，中国已经是全球第一大碳排放国，我们需要承担大国责任；对内，要实现"双碳"目标，我们要自己主动作为。同时，中央提出实现"双碳"目标，也是贯彻新发展理念，构建新发展格局，推动高质量发展的内在要求。为了实现这一重大战略决策，从2021年开始，研究机构已经就碳达峰、碳中和的技术路径做了大量的反复测算。碳达峰方面，实现从碳排放140亿~145亿t的基准情形（BAU）到碳排放105亿~110亿t的自主贡献情形（NDC），建筑领域碳减排将占较大份额，所以建筑领域是极其重要的领域。碳中和方面，在可持续能源的消费利用以及终端用能电气化方面，建设领域在其中都占有很大的减排份额。在2021年发布的"碳达峰十大行动"中，其中第四条城乡建设碳达峰行动，这是未来金融领域落实国家政策，作为四大技术路线之一开展绿色金融工作的聚焦点。

进入本文的主题，首先笔者要介绍绿色金融的定义，根据《关于构建绿色金融体系的指导意见》（银发〔2016〕228号）：绿色金融指支持环境改善、应对气候变化和资源节约高效利用的经济活动，即对环保、节能、清洁能源、绿色交通、绿色建筑等领域的项目投融资、项目运营、风险管理等所提供的金融服务。在绿色金融概念下，可以演化出来绿色信贷、绿色信托等子领域的概念和定义。绿色金融具体怎么做，中国人民银行（以下简称"人民银行"）从2021年已经明确了其"三大功能"和"五大支柱"的特征（图1）。

下面笔者将围绕重点内容进行具体介绍：

1. 绿色金融标准体系。我国的绿色金融标准根植于发改委公布的《绿色产业指导目录（2019年版）》。目前大家对绿色建筑领域范围（包括从生产制造、

作者简介：赵建勋，兴业银行绿色金融部专业支持处负责人，中国建筑节能协会专家委员会专家，国家注册公用设备工程师，美国绿色建筑认证工程师（LEED AP）。

图 1 绿色金融的"三大功能"和"五大支柱"

贸易流通、消费以及各类终端项目，例如绿色、零碳、低碳，装配式建筑项目），大家的认识基本已经统一，只是各个标准之间的支持范围有些许不同。人民银行印发的《绿色贷款专项统计制度（2019年修订）》，主要支持企业绿色贷款以及个人的绿色经营贷款。修订过的人民银行《绿色债券支持项目目录（2021年版）》的支持范围在生产和终端项目的基础上，增加了消费，也就是说个人的关于绿色建筑的按揭也在支持范围内。而银保监会发布的《绿色融资统计制度》范围更加广泛，包括企业绿色信贷，个人绿色消费贷款，绿色债券投资及绿色票证开立，支持的融资工具更多。目前来看，国内绿色金融支持绿色建筑的标准已经趋同，但与欧盟标准还有一定差距（表1）。

绿色金融标准体系 表 1

序号	制度名称	发文单位	条文摘要
1	《绿色融资统计制度》	银保监会	1.1高效节能装备和绿色标识产品制造；5.1.1超低能耗建筑建设、建筑可再生能源应用；5.1.2绿色建筑；5.1.3装配式建筑；5.1.4既有建筑节能及绿色改造；5.5海绵城市；6.1节能低碳服务；9.1购置节能建筑与绿色建筑，既有住房节能改造融资
2	《绿色贷款专项统计制度（2019年修订）》	人民银行	1.1.14绿色建筑材料制造；5.1.1超低能耗建筑建设；5.1.2绿色建筑；5.1.3建筑可再生能源应用；5.1.4装配式建筑；5.1.5既有建筑节能及绿色改造；5.1.6物流绿色仓储；5.5.1海绵型建筑与小区建设和运营；6绿色服务

续表

序号	制度名称	发文单位	条文摘要
3	《绿色债券支持项目目录(2021年版)》	人民银行、发展改革委、证监会	1.2.1.1 绿色建筑材料建造;5.2.1.1 超低能耗建筑建设;5.2.1.2 绿色建筑;5.2.1.3 建筑可再生能源应用;5.2.1.4 装配式建筑;5.2.1.5 既有建筑节能及绿色改造;5.2.1.6 物流绿色仓储;5.4.2.1 海绵型建筑与小区建设和运营;6 绿色服务。(含开发、运营、购置等环节)
4	《绿色产业指导目录(2019年版)》	发展改革委	1.1.14 绿色建筑材料制造;5.1.1 超低能耗建筑建设;5.1.2 绿色建筑;5.1.3 建筑可再生能源应用;5.1.4 装配式建筑;5.1.5 既有建筑节能及绿色改造;5.1.6 物流绿色仓储;5.5.1 海绵型建筑与小区建设和运营;6 绿色服务
5	《EU Green Taxonomy(2020)》	EU	新建建筑应为近零能耗建筑(NZEB),既有建筑节能改造,个人及第三方改造服务

2. 绿色金融考核评价体系。较重要的绿色金融考核评价体系包括财政部的商业银行绩效考核评价体系,人民银行的银行机构绿色金融评价体系以及银保监会从银行机构体制机制角度建立的定性的评价体系——绿色信贷自评价体系(图2)。

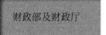
- 用于商业银行绩效考核,服务生态文明战略情况,权重6%
- 部分省市将银行机构的绿色金融表现纳入财政资金存放以及国库现金存款操作相关评价指标

- 银行机构绿色金融评价
- 纳入MPA
- 作为中期借贷便利(MLF)的合格抵押品

- 绿色信贷自评价、绿色银行评价
- 监管评级、机构准入、业务准入、高管人员履职评价的重要依据

图2 绿色金融考核评价体系

3. 绿色金融的激励政策不断出台。其中,最重要的就是2021年发行的碳减排支持工具,它的激励效果是十分明显的,其重点支持领域包括清洁能源、节能环保及碳减排技术这三个领域。另外,工具要求对碳减排效益的评定要测算出减排量的具体数额。除此之外的重要政策如图3所示。

除了推行全国政策之外,还开展了三个重要的试点工作。第一个是2020年3月,在湖州开展的绿色建筑和绿色金融协同发展国家级试点。2020年12月,青岛作为绿色城市国家级试点,在绿色基础设施和老旧城区改造等方面作出积极探

(1) 2021年11月，人民银行设立碳减排支持工具，支持碳减排贷款发展。
(2) 2021年4月，人民银行等部门联合发布《绿色债券支持项目目录(2021年版)》，将绿色建材生产、绿色建筑开发、购置等纳入支持范围。自此，监管部门关于绿色建筑的绿色金融界定标准基本趋同。
(3) 2021年3月，银行间市场交易商协会明确"碳中和债"有关机制。募集资金支持范围包括：绿色建筑、超低能耗建筑、既有建筑节能改造等。
(4) 2021年10月，中办、国办印发《关于推动城乡建设绿色发展的意见》，要求建设高品质绿色建筑、提高城乡基础设施体系化水平、推动形成绿色生活方式等。
(5) 2020年7月，住房和城乡建设部、人民银行、银保监会等7部委联合印发《绿色建筑创建行动方案的通知》。
(6) 市场监督总局、住房和城乡建设部、工信部联合印发《加快推进绿色建材产品认证及生产应用的通知》以及《绿色建材产品分级认证实施通则》。

图3 绿色金融激励政策

索。2021年末，宁波成为第三个区域试点，要求银行和保险协同支持绿色建筑发展，将绿色建筑性能保险作为重要内容。

以上探讨的都是监管部门在这些领域的工作，下面将从金融机构角度进行阐述。

从宏观角度来看，发展建筑节能与绿色建筑意义重大，这个领域既是推进国家绿色发展战略的重要组成部分，是满足人民日益增长的对美好生活向往的需要，是增加人民群众获得感的重要抓手，还是实现国家应对气候变化战略的重要组成部分。金融是国家的核心竞争力，经济是肌体、金融是血脉，两者共生共荣。银行作为我国金融业的重要参与主体，肩负推动经济高质量发展的重任。

从微观角度来看，近几年的经济处于转型调整阶段，金融机构需要找到新的业务增长点。商业银行发展绿色金融十分必要（图4）。

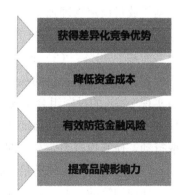

图4 商业银行发展绿色金融的必要性

经过多年的回顾和总结，各家银行甚至国际上的金融机构，基本上形成了一个绿色银行建设金字塔体系。首先，要有一个明确的绿色发展目标，在此之下需要有绿色治理的组织架构及相关的政策体系；然后，要有一套配套的绿色金融创新产品，并对金融机构内部的业务流程进行相应调整和改造；最后，要有相应的绿色运营、绿色金融 IT 体系和环境信息披露进行保障（图 5）。

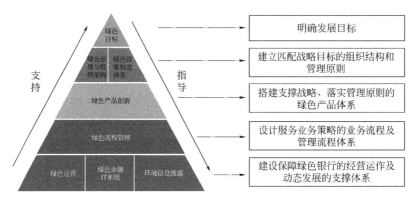

图 5　绿色银行建设金字塔体系

在此基础上，2021 年 6 月，中国银行业协会引导金融机构积极构建"双碳"战略，形成了"明确碳战略、确立碳偏好、推进碳创新、健全碳风控、建立碳数据、做好碳披露、改善碳表现、促进碳合作"八点倡议。各家机构纷纷开展碳目标的确定工作。具体确定流程包括三部分：（1）核算自身运营碳减排量及资产组合碳减排量；（2）制定具体减排路径；（3）抵消无法自主减排的排放量。有了碳减排目标之后，笔者将分享如何确定资产组合的碳减排目标。目前国际前沿的方法是"科学碳目标 SBTi"，该方法助力金融机构确定资产组合减排路径。根据 SBTi，投融资活动减碳目标设定主要包括三种方式：（1）行业减排法（SDA）：根据排放量设定物理强度目标。例如太古地产有限公司承诺：以 2018 年为基准年，在 2025 年之前将每平方米范围一和二温室气体的排放量减少 35％，在 2030 年之前减少 52％。（2）投资组合覆盖率法：由金融机构设定参与度目标，让一部分投资对象设定自己的获 SBTi 批准的科学减碳目标，以便金融机构在 2040 年前实现 100％的投资组合覆盖率。（3）温度评级法：将企业温室气体减排目标转换为企业或投资组合的温度评分。金融机构可根据投资组合的当前温度评级，采取行动，使其投资组合与长期温度目标保持一致。

目前金融机构面临的最大挑战，同时也是研究的热点，就是资产组合碳排放应该如何测算的问题。目前国际知名机构 PCAF 制定出碳核算金融机构合作伙伴关系。该合作伙伴关系是用以评估和披露与其贷款和投资相关的温室气体（GHG）排放，为金融机构提供了设定基于科学的目标并将其投资组合与《巴黎气候协定》保持一致所需的起点。

接下来，笔者主要介绍一下金融机构绿色金融的重要产品。最重要的就是绿色贷款。截至 2021 年末，全部金融机构绿色贷款余额 15.9 万亿元，同比增长 33.0%，快于各项贷款余额增速 21.7 个百分点，占各项贷款比例 8%；24 家银行绿色贷款余额 13.79 万亿元，新增 3.39 万亿元，占全部金融机构绿色贷款新增额的 87.9%。中国已经成为全球绿色贷款余额最大的国家，也是绿色信贷统计数据最完整的国家。24 家银行中，国家开发银行绿色贷款余额领先；国有大行中，工商银行绿色贷款余额领先；股份制商业银行中，兴业银行绿色贷款余额领先。

除绿色贷款外，另一个重要的绿色金融工具则是绿色债券。自 2016 年兴业银行落地国内首单绿色债券起，我国绿色债券发行规模逐年增长，2019 年提速明显，2020 年发行规模达 5550 亿元，同比增长 41%。2021 年全年共发行 755 只 8000 亿元绿色债券，较 2020 年发行只数增长 59%，融资规模增长 46%，继续保持高增长态势。我国绿色债券 6 年来累计发行规模年复合增长率约 50%，累计发行规模超 2 万亿人民币，存量余额超 1.1 万亿，但相对债券市场总体发行规模比例不足 1.5%，仍占比较低（图 6）。

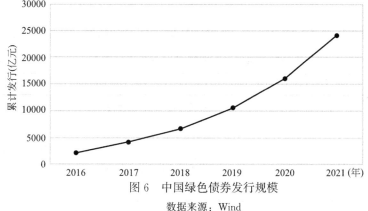

图 6　中国绿色债券发行规模

数据来源：Wind

从国际上看，在全球绿色债券发行份额中，建筑领域占30%；在北美绿色债券发行份额中，建筑领域占48%；在欧洲、亚太地区的份额约占25%、20%；2021年，全球绿色债券发行量美国、德国、中国居前三；中国绿色债券发行份额中，绿色建筑领域约占7%，并且绝大部分在国外市场发行。

从建设行业可持续发展评价的项目层面上看，根据《赤道原则第四版》(2019年11月)，重点关注大规模房地产开发以及在生态环境敏感地区的房地产开发项目。在融资过程中，识别并汇总项目的主要环境和社会风险点，通过在借款合同中设置专门条款，加强贷后管理等措施，引导并约束借款企业履行量化的环境和社会管控责任。

从企业层面上看，2019年后，ESG评价快速进入中国市场，中国的上市公司对信息披露、体制机制等方面做了许多工作。图7是明晟公司对房企的ESG评价等级。

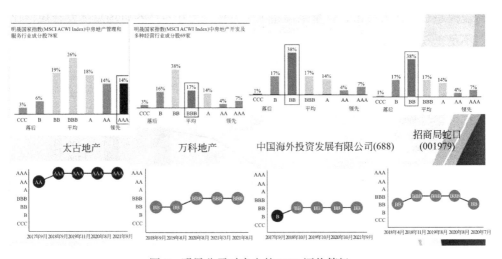

图7 明晟公司对房企的ESG评价等级

明晟公司对房地产行业的ESG评价指标体系如表2所示。

明晟公司对房地产行业的ESG评价指标体系　　　　　　表2

领域(权重)	主题	指标
环境(28.1%)	绿色建筑的机会	碳排放、产品碳足迹、环境影响融资、气候变化脆弱性、水环境的压力
		融资的环境影响、生物多样性及土地使用、原材料采购
		有害废弃物排放、包装材料废弃物、电子废弃物
		清洁生产技术、可再生能源

续表

领域(权重)	主题	指标
社会(32.3%)	健康和安全	供应链劳动标准、化学安全、产品安全和质量、化学品安全、消费者金融保护、责任投资、健康和人口风险
	劳动管理	争议采购
	人力资源管理	沟通、融资
	确保健康和人口风险	社区关系、医疗保健、营养健康
	隐私和数据安全	
公司治理(39.6%)	公司治理	董事会、薪酬、所有权和控制权、会计准则
	企业行为	商业道德、税收透明度

资料来源：明晟公司官网

此外，全球房地产可持续评估（GRESB），专门评估房地产投资组合和资产的环境、社会和治理（ESG）绩效，向房地产基金、资产管理机构等房地产机构投资者提供标准化和经验证的ESG数据。GRESB评估系统基于地产管理公司和开发商自发提供的数据，并经过第三方机构核查，确保评分数据的可靠性。GRESB的评估结构包括三个维度：

1. 管理维度

衡量企业级的战略和领导管理、政策和流程、风险管理和利益相关者的参与情况。在企业层面收集信息；

2. 绩效维度

衡量企业的资产组合绩效，适合有经营性资产的房地产公司或基金。在资产组合层面收集信息；

3. 发展维度

衡量企业在建筑设计、施工和改造期间解决ESG问题所做的努力。本部分适用于参与新建筑项目（设计、选址和施工等）或改造项目的企业。收集企业在报告年度内进行的项目或已完成项目的信息。

二、绿色金融助力绿色建筑的新挑战

目前，通过市场机制向绿色建筑领域优化配置资源的作用还未充分发挥出来。改革开放四十多年以来，中国建筑的开发以及房屋的租售，一直是供销两旺的状态。房产投资一直成为居民理财的重要途径。购房者主要关注地段、医疗资源等配套因素，而房屋的绿色节能性能则基本没有在购房者的首要考虑因素之内。开发商则主要保证周转效率，将主要精力放在压缩项目开发周期上。绿建开发的前期与利益相关者要沟通交流、深化设计、精细化调试、精细化运营管理等内容并没有得到充分重视。所以在这种情况下，这些交易主体，基本上都没有关注到交易标的的绿色属性。建筑的绿色属性也基本没有被纳入房地产开发的主要目标。

因此笔者想介绍一下国外将绿色属性纳入市场交易因素的措施。例如能源效能证书（Energy Performance Certification，EPC）及节能分数（EPC rating），节能分数共分为A—G共七个级别。能源效能证书的作用主要包括：

1. 以法令的形式确定建筑能源性能指标作为建筑建设、出租、出售的重要前提之一（即市场交易必须考虑的因素），引起交易双方的关注，从市场需求侧引导开发商开发更高能效的建筑（比奖补的成本更低，更有效）。

2. 出租或出售的建筑，在广告宣传阶段就应该获得并出示能源性能证书，减少信息不对称。以便购房者或者租户进行能源性能的比较。EPC分数更高的房屋，交易达成的时间更短，买方对房屋的质量更有信心。

3. 能效水平不符合要求的建筑，不能交易，持有需要缴纳相关税费，激发建筑改造市场的活力。

目前国内现行的市场减排机制是碳交易机制。从2021年开始，全国碳交易市场已经开始运行。目前仅电力行业纳入该机制，建筑行业尚未被纳入。碳排放权交易就是一种许可排放配额的交易。碳排放权交易的目的：成本的最优化；发挥市场功能，技术领先者实现减排和盈利；激发技术创新活动；创设碳金融市场（图8）。

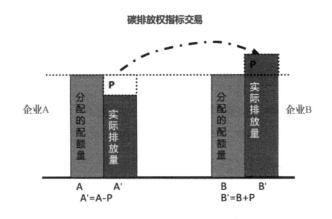

图8 碳排放权指标交易模式

参考日本东京等地碳排放权交易体系的做法，建筑领域可以通过自愿碳减排市场来为强制碳减排市场输送自愿减排量。比如一些存量建筑在节能改造完毕后，除节能效益之外，还有碳减排的销售效益，从而提高了绿色节能项目的经济效益，因此能促进资金支持这类项目继续规模化改造。同时，对承担碳减排责任的企业，也可以通过购买建筑减排量来进行碳中和。

全球已经投入运营的碳市场中，一共有八个国家或地区将建筑纳入控排。这些国家或地区通过碳市场支持建筑的能效提升，绿色发展，提高收益的一些政策、市场机制和金融产品，将对未来建筑可持续发展的研究起到帮助作用。

第四章

新模式
住宅市场与城市更新

珠三角城市更新简介与经典案例分享

伍加健

一、引言

城市更新又称城市再开发、城市改造、城市复兴、旧区改造或市区重建，是指城市内因为早期欠缺城市规划或是建筑物日久失修，而作出全面或部分性的重新兴建或整理及修缮的计划或工程。我国"十四五"规划和2035年远景目标纲要提出，加快推进城市更新，改造提升老旧小区、老旧厂区、老旧街区和城中村等存量片区功能。2021年11月，住房和城乡建设部办公厅发布《关于开展第一批城市更新试点工作的通知》（建办科函〔2021〕443号），要求积极稳妥实施城市更新行动，引领各城市转型发展、高质量发展；但是21个试点城市中，没有珠三角地区的任何城市。

珠江三角洲地区是我国改革开放的先行地区，是我国重要的经济中心区域，在全国经济社会发展和改革开放大局中具有突出的带动作用和举足轻重的战略地位。在2008年3月的两会，对广东提出"建设节约集约用地示范省"的期望。2008年12月，国家发展和改革委员会印发《珠江三角洲地区改革发展规划纲要（2008—2020年）》，提出珠三角要"实行最严格的耕地保护制度和节约用地制度，提高资源节约集约利用水平""创新土地管理方式，建设国家节约集约用地试点示范区"。2008年12月，国土资源部（现自然资源部）与广东省政府在广州联合举行广东建设节约集约用地试点示范省启动仪式。

2009年8月，广东省人民政府发布《关于推进"三旧"改造促进节约集约用地的若干意见》（粤府〔2009〕78号），推动旧城镇、旧厂房、旧村庄（即"三旧"）改造工作；文件是推动当今广东省"三旧""城市更新"工作进一步发展的坚实基础。珠三角城市群随后各自出台具体政策，推动"三旧""城市更新"工作的开展；以深圳为代表的部分城市总结多年城市更新经验教训，将城市更新有关规定上升为地方性法规（如《深圳经济特区城市更新条例》）。已推动近13年的广东省"三旧"改造以节约集约用地为指导原则，与国土资源部（现自然资

作者简介：伍加健，清华大学土木工程系1991级校友，深圳市润创企业发展有限公司董事长，原华润大冲旧改项目总经理。

源部)"省部共建";住房和城乡建设部的"城市更新"试点城市则坚持"留改拆"并举,开展既有建筑调查评估。

二、珠三角地区部分省、市政策要点

1. 广东省有关政策

广东省相关旧改政策如图1所示。

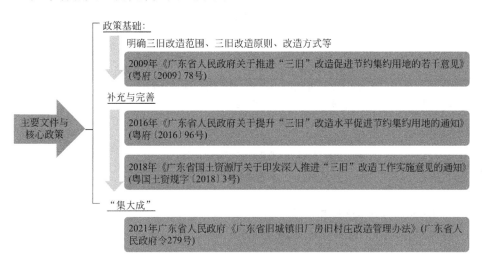

图1 广东省相关旧改政策

- 三旧改造范围

(1)城市市区"退二进三"产业用地;(2)城乡规划确定不再作为工业用途的厂房(厂区)用地;(3)国家产业政策规定的禁止类、淘汰类产业的原厂房用地;(4)不符合安全生产和环保要求的厂房用地;(5)布局散乱、条件落后,规划确定改造的城镇和村庄;(6)列入"万村土地整治"示范工程的村庄等。

- 三旧改造的基本原则

(1)政府引导,市场运作;(2)明晰产权,保障权益;(3)统筹规划,有序推进;(4)节约集约,提高效率;(5)尊重历史,客观公正。

- 改造方式

(1)市、县人民政府依法收回、收购土地使用权,纳入土地储备;(2)在旧城镇改造范围内,原土地使用权人自行改造,自行改造的,按批准方案实施,不涉及收储再重新出让的过程;(3)在旧城镇改造范围内,市场主体收购相邻多宗地块,集中改造,市场主体收购后集中改造的,办理土地变更登记手续,不涉及收储再重新出让的过程;(4)城市建设用地范围内的旧村庄(即"城中村"),原农村集体经济组织可申请将村庄建设用地改变为国有建设用地;由农村集体经济组织使用的国有建设用地,由其自行改造或与有关单位合作开发;(5)城市建设用地范围外的旧村庄,可由农村集体经济组织或用地单位自行组织实施,并可参照旧城镇改造的相关政策办理,但不得用于商品住宅开发。收回或收购土地的,可以货币方式也可以置换方式补偿或支付收购款。

2009年《广东省人民政府关于推进"三旧"改造促进节约集约用地的若干意见》(粤府〔2009〕78号)是现行珠三角各地区城市更新政策的基础,其对"三旧"拆除重建的鼓励力度是空前的(图2)。

对拆除重建的鼓励
- ➢ 对改造主体的放开
  自行改造或市场主体收购改造,可以不经过招拍挂公开出让。
  城中村可以自改或合作开发,解决城市发展的"痛点"。
- ➢ 解决大量土地历史遗留问题
  因粗放式发展带来的大量土地历史遗留问题,可以在"三旧"改造中一揽子解决。
- ➢ 市场运作
  通过市场运作解决征地补偿成本过高的问题。

图2 广东省对拆除重建的鼓励

2. 深圳市城市更新政策要点

深圳推行旧改的主要原因如图3所示。

人口规模大、空间不足、资源短缺、环境领域负担过重("四个难以为继")
人口规模高位运行,空间不足成为普遍性问题,资源短缺愈发严峻,部分环境领域不堪重负。

城中村历史遗留问题严峻
原村集体股份公司实际占有用地393km^2,建筑面积4.2亿m^2。
2018年,深圳建设用地总规约1006km^2。

教育等配套设施压力持续加大
随着人口的增加,教育设施压力持续加大。

特区内外发展不均衡
早年深圳经济特区内外政策区别大、发展水平差异大,特区内建成区比例较高,缺少发展空间;特区一体化前后,特区外粗放式发展,违法占地、违法建筑野蛮生长,公共配套设施缺口巨大。

图3 深圳推行旧改的主要原因

深圳市在2009年10月颁布了全国首部城市更新办法,提出了"城市更新"概念,围绕"城市更新单元"进行了多项创新。

- 深圳旧改模式(图4)

■ 原则:政府引导、市场运作
由政府定规划、定政策、定标准、抓统筹、抓服务、抓监管,保障公益优先;充分发挥市场的作用,推动具体项目实施,实现多方共赢。

图4 深圳旧改模式

深圳将城市更新作为存量土地二次开发的重要途径之一，积极创新，不断完善制度建设，大力推动项目实施，走出了一条多方共赢，适合城市转型发展的新路径。在推动节约集约利用土地、保障城市发展空间、提升城市综合能级等方面发挥了重要作用，成就了城市更新"深圳模式"。

《深圳经济特区城市更新条例》所称城市更新，是指对城市建成区内具有下列情形之一的区域，根据本条例规定进行拆除重建或者综合整治的活动：（1）城市基础设施和公共服务设施急需完善；（2）环境恶劣或者存在重大安全隐患；（3）现有土地用途、建筑物使用功能或者资源、能源利用明显不符合经济社会发展要求，影响城市规划实施；（4）经市人民政府批准进行城市更新的其他情形。

综合整治类城市更新是指在维持现状建设格局基本不变的前提下，采取修缮、加建、改建、扩建、局部拆建或者改变功能等一种或者多种措施，对建成区进行重新完善的活动。拆除重建类城市更新是指通过综合整治方式难以改善或者消除本条例第二条第二款规定的情形，需要拆除全部或者大部分原有建筑物，并按照规划进行重新建设的活动。

3. 广州市城市更新政策要点

习近平总书记视察广东时提出城市文明传承和根脉延续十分重要，传统和现代要融合发展，让城市留下记忆，让人们记住乡愁。要求广州实现老城市新活力，在综合城市功能、城市文化综合实力、现代服务业、现代化国际化营商环境方面出新出彩！

• 政策演变

（1）"三旧"改造阶段（2009—2014年）

以全省实施"三旧"改造为契机，出台《关于加快推进三旧改造工作的补充意见》（穗府〔2012〕20号）和《广州市人民政府办公厅关于印发广州市城市更新办法配套文件的通知》（穗府办〔2015〕56号），创立"三旧"改造政策体系，稳步推进旧村庄、旧厂房、旧城镇改造。特点：在政府主导下，允许符合条件的项目自行改造，合理分配土地增值收益，主要以全面拆建模式为主，单个项目推进，侧重硬件设施改造（图5）。

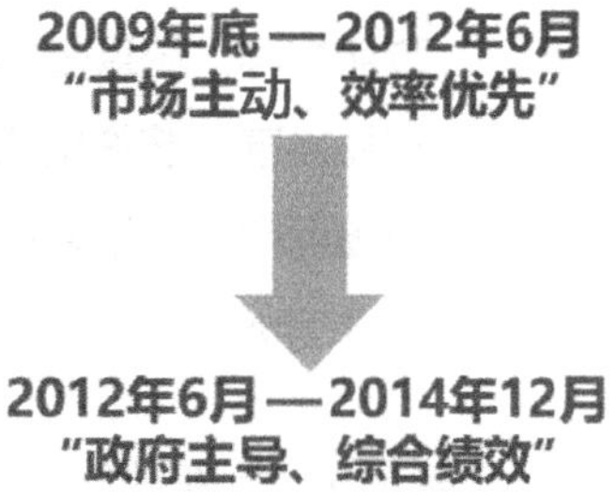

图5 广州市三旧改造主旨变化

（2）"城市系统和谐更新"阶段（2015—2018年）

出台城市更新"1+3"政策和《广州市人民政府关于提升城市更新水平促进

节约集约用地的实施意见》(穗府规〔2017〕6号),常态化有序推进更新改造,形成具有广州特色的"城市系统和谐更新"。特点:更加明确"政府主导"的原则,更多强调综合整治和历史文化保护,确立城市更新"1+3"政策体系,正式改"三旧改造"为"城市更新"。

(3)"战略引领和有序推进"阶段(2019年至今)

出台《广州市深入推进城市更新工作实施细则》(穗府办规〔2019〕5号),强化城市发展战略引领,有序推进城市更新。特点:强化全市"一盘棋"的要求,统筹生产、生活、生态空间布局,落实广州城市发展战略,以更新为抓手,促进重点项目落地。广州市委市政府提出当前的重点工作是通过城市更新推进旧城、旧厂、旧村改造和专业批发市场、物流园、村级工业园整治提升以及违法建设拆除、黑臭水体治理、"散乱污"企业整治。

- 与深圳对比

广州(图6):(1)在政府主导下,收储更新以及非收储更新皆有一定比例,市场积极性下降;(2)因城中村土地问题的历史包袱相对不重,政府严控复建规模,融资地块为复建服务,压缩开发商利润;(3)对"微改造"的重视程度非常高。

深圳(图7):(1)为了积极引导市场良性发展,深圳事无巨细地制定了各种规则,编制了各种规划;几乎没有政府收储的更新项目,绝大多数为市场运作;(2)因城中村土地问题的历史包袱很重,政府只允许合法比例较高的项目进行更新(合法比例较低的城中村用地按"土地整备利益统筹"模式操作,是一种利益共享的征收模式);按规划承载力控制建设规模,复建规模和面向市场的建筑规模按总量控制;(3)对"综合整治"的重视程度逐步提升。

政府主导、统筹规划,
利益共享、节约集约,
市场运作、公平公开。

图6 广州城市更新指导原则

政府统筹、规划引领,
公益优先、节约集约,
市场运作、公众参与。

图7 深圳城市更新指导原则

4. 东莞市城市更新政策要点
- 概述(图8)
- 政策体系(图9)
- 基本流程(图10)

第四章 新模式 住宅市场与城市更新

图8 东莞城市更新发展阶段

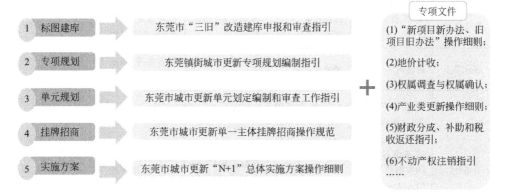

图9 东莞城市更新政策体系

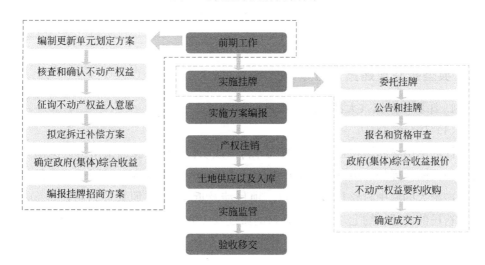

图10 东莞城市更新基本流程

5. 珠三角部分城市更新对比分析（表1）

珠三角部分城市更新对比分析　　　　　　　　　　表1

	广州	深圳	东莞	佛山	珠海
当前有效的核心文件	《广州市城市更新办法》	《深圳市城市更新办法》	《关于深化改革全力推进城市更新提升城市品质的意见》	《关于深入推进城市更新（"三旧"改造）工作的实施意见》	《珠海经济特区城市更新管理办法》
出台时间	2015年	2009年	2018年	2018年	2021年
指导原则	政府主导、市场运作、统筹规划、节约集约、利益共享、公平公开	政府引导、市场运作、规划统筹、节约集约、保障权益、公众参与	政府统筹、规划管控、完善配套、产业优先、利益共享、全程覆盖	政府引导、市场运作、规划统筹、公共优先、利益共享、公平公开	政府推动、市场运作、公益优先、利益共享、文化传承、绿色低碳
改造方式	全面改造、微改造	拆除重建、综合整治、功能改变	拆旧建新、微改造等	拆除重建、综合整治、功能改变	整治、改建、拆建
部分亮点	微改造	最早成体系	单一主体挂牌招商	多方参考、因地制宜	衔接上位法、完善规定
备注	2020年广州发布《关于深化城市更新工作推进高质量发展的实施意见》等"1+1+N"文件，但并未废止《广州市城市更新办法》	2021年3月颁布的《深圳经济特区城市更新条例》对部分内容有新规定，但基本模式、原则均无原则性变动，《深圳市城市更新办法》并未废止	2009年东莞即出台《东莞市"三旧"改造实施细则》，但因试行等原因，距今模式、原则均有所变动，单一主体挂牌招商模式2018年提出	2018年前以政府主导、地块收储为主	2012、2016年珠海市、珠海经济特区城市更新管理办法均已废止

三、典型拆除重建案例分享

1. 深圳华润城（大冲村旧改项目）

（1）项目简介

深圳南山华润城项目（即华润大冲村旧改项目）位于深圳市南山区深南大道与沙河西路交界处、市高新技术产业园区中区东片，占地68.5万m²，是目前广东省内最大的城中村整体改造项目。项目涉及近1000户原大冲村村民、300多户非村民的动迁，约七八万暂住人口的搬迁及1500多栋房屋（近110万m²）的拆除（图11、图12）。

（2）拆迁工作

① 工作对象：村集体、村民、非村民、合作建房者（图13）。

第四章 新模式 住宅市场与城市更新

图 11 大冲村改造项目区位图

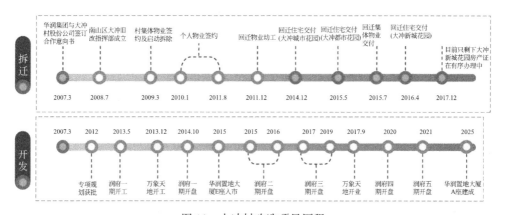

图 12 大冲村改造项目历程

> 村集体
· 股份公司
· 6个经理部
· 永久建筑面积共约 35万m²

> 村民
· 931户
· 永久建筑面积共约 61.2万m²

> 非村民
· 近300户
· 永久建筑面积共约 2.5万m²

> 合作建房者
· 近200户
· 永久建筑面积共约 2.6万m²

图 13 大冲村改造项目拆迁工作对象

其中合作建房主要指的是村民与包工头合作建房，村民出地，包工头出力和资金帮助建房。建成后的房屋按层数进行比例分配。

② 改造模式："政府主导、市场化运作、股份公司参与"。

政府主导：体现在准确掌控方向与节奏、成为旧改各方的"桥梁与纽带"；政府极强的组织与协调能力是推进旧改所必备的条件。

市场化运作：企业的专业能力、各种资源的调动能力是确保完成拆迁工作的重要保障。

股份公司参与：调动起村股份公司的积极性，发挥其主人翁的意识参与并投身到拆迁工作当中，是旧改成败的关键因素。

③ 核心问题：如何建立信心

政府主导：加大查违力度；2008年7月10日，南山区大冲旧改指挥部成立并进驻大冲村办公；2009年3月，村集体物业率先签约并启动拆除；2009年7月，大冲小学率先搬迁；积极协调开发商和村股份公司；南山区政府出具承诺函。

市场化运作：全方位、多层次不断加强华润集团与政府、村民的沟通，尽快建立、加强政府和村民对华润的信心；集团优势：央企背景、综合发展商、大量持有经营物业；开发理念："做成、做好、做持久"；补偿标准：市场最优；华润集团出具承诺函。

股份公司参与：组织参观万象城；参观香港华润总部；股份公司召开法定会议：董事会、股东会；在各类活动如迎春晚会、老人节活动中宣讲旧改。

④ 团队架构

组建大冲村改造项目三方团队共计一百多人，每方三十多人。加强管理、加强培训、及时总结、打造强有力的工作团队。真诚自信、尊重业主、不卑不亢（图14）。

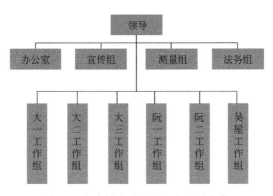

图14　大冲村改造项目三方团队架构

⑤ 群众工作

- 原则：公开透明、依法依规、和谐拆迁、村民优先。
- 具体思路：信息准确、分门别类、轻重缓急、有的放矢。
- 先易后难、先进带动后进：三类人（党员干部、工作人员、积极分子）带头，"滚雪球"式推进。
- 按不同经理部、港澳业主等不同类别村民划分，分别召开多次旧改情况通报会、动员会，加强沟通、宣传旧改、建立信心。

- 在各类活动如开丁节、迎春晚会、老人节活动中加强与村民的沟通、宣讲旧改、建立信心。

⑥ 具体工作流程（图15）

图15 大冲村改造项目具体工作流程

⑦ 拆迁工作重点

a. 充分发挥股份公司的作用。b. 重视宣传、持续造势，理念：科学规划、整体改造、和谐旧改、文明动迁。c. 尊重村民、村民优先：优先选回迁房位置；优先开工建设及回迁；补偿标准优于非村民；配置专门的过渡期安置小区。d. 尊重传统习俗、传承历史文脉。e. 各级领导高度重视，特别是南山区给予大力支持及推动。f. 审时度势、重点突破。g. 围合管理、以拆促签、以拆促清。

⑧ 主要成效

a. 2009年3月，启动村集体物业签约及拆除。b. 2010年1月23日，启动村民个人物业签约，首日签约率达18%；至2011年9月，全部个人物业拆除完毕，7万多暂住人口平稳、和谐地搬离；共拆除物业98万余 m^2；共调解纠纷200例，成功调解率达98%。c. 2011年12月，启动回迁物业建设；2014年年底，实现首批回迁物业交付；2015年，实现全部集体物业交付；2016年，实现全部回迁住宅物业交付；2017年，实现全部回迁商业物业交付；目前，回迁物业的房产证在有序办理中。

⑨ 经验得失

a. 旧改是一个艰难而漫长的过程，绝不可贪功冒进。b. 把握工作时机和关键节点至关重要。c. 旧改项目一般体量较大、涉及利益主体较多、不确定因素极多，情况十分复杂。d. 按照"没有条件创造条件，创造出条件绝不错过"的工作思路，把握准工作时机及关键节点。e. 一线团队十分重要，要敢于担当，也需要公司在相关政策及资源方面予以必要的大力支持。

(3) 开发工作

① 项目特征

a. 项目开发历时长：华润自2007年3月进驻以来，历经近五年时间，才基本完成拆迁安置工作；项目总体开发规模高达280万 m^2，仍需长达近十年的开发。b. 拆迁规模大：涉及近1500户村民及非村民的签约，1500多栋楼的拆除及七八万人口的搬迁。c. 回迁物业开发量大，建设时间短：回迁物业总量近110万 m^2，且需在动工后三年内完成所有回迁物业的建设。d. 自有物业开发规模庞大，功能复杂，开发周期长：自有物业多达近160万 m^2，功能包括购物中心、写字楼、酒店、住宅和公寓。e. 前期投入大：前期土地取得总成本超100亿元。f. 综合性、高密度开发。

② 开发目标

a. 成为深圳乃至全国旧城改造项目的标杆和典范。b. 成为与深圳未来整体城市形象相适应的新型现代化高尚商业、商务中心及居住社区。c. 成为深圳高新技术产业园区和华侨城旅游景区的重要配套基地。d. 承担起华润置地在大型城市综合体产品创新的角色。

③ 开发理念

a. 项目开发的中长期价值与短期价值并重。b. 经济收益和社会效益并重。c. 政府、华润与大冲村村民三赢。d. 关注历史文脉及强调可持续发展。

④ 整体开发策略

a. 拆迁方面，因回迁物业的类型和开发量已确定，在回迁物业的建设上应在保证质量的前提下，高效开发，做到"又快又好"。b. 考虑问题应全面、周到、充分，分清轻重缓急。c. 牢牢树立财务驱动观念，从生意的角度出发，安排开发进度。d. 合理统筹资金安排，减少资金压力。e. 根据市场及财务状况，做好销售型和持有型物业的开发分配。f. 充分挖掘超大型综合体各功能之间的协同潜力、空间及效率，在规划设计上体现人性化，讲创新、讲品质。

⑤ 主要成绩

村民：回迁物业及时交付；物业品质、价值大幅提高；资产合规性彻底解决；集体经济的可持续发展妥善解决；村股份公司团队成长；村民就业问题部分解决。

政府：彻底解决过去城中村脏乱差、存在严重安全、消防隐患等问题；改善原有一所学校环境，新增一所学校、三所幼儿园、一座变电站、近9万 m^2 市政道路、大量公共空间及社区配套用房；引进大量科技、金融企业，增加税收及高收入工作岗位机会。

开发商：未来稳定经营期持有物业每年租金收入超过 15 亿元；与集团其他业务产生积极协同效应；成为深圳乃至全国城市更新项目的标杆、典范之作；极大提升了品牌形象及团队能力；增加了城市更新及工程管理方面的人才储备；城市更新项目及大规模工程管理方面形成一套经验和打法。

2. 广州琶洲村保利旧改项目

（1）项目简介

琶洲村位于琶洲岛中部，珠江南岸，西起琶洲塔公园，南至新港东路，北至阅江路，东至新滘东路，位于广州地铁 4 号线与 8 号线交汇处东南侧。改造范围总用地面积 75.76 万 m^2，村镇居住用地 36.07 hm^2，村经济发展用地面积 18.32 hm^2，其他用地包括道路、军事、园地及池塘用地共 21.37 hm^2。改造前总建筑面积 66.16 万 m^2，毛容积率 0.91，住宅面积 58.62 万 m^2，集体物业面积 7.54 万 m^2，涉及房屋约 2308 间，常住村民约 1300 户，人口约 5500 人（图 16）。

图 16　广州琶洲村保利旧改项目区位图

（2）项目历程

2008 年，在广东省委省政府关于三旧改造的统一部署下，借助举办亚运会契机，琶洲村被列入 2010 年亚运会前必须改造的九座城中村之一。一村一策，先行先试，拉开了三旧改造的序幕。于是，琶洲村迎来了历史性的发展机遇。2009 年，保利地产摘牌琶洲村，2010 年 3 月进驻琶洲村，开始动迁；随后半年左右，签约率已达99%，整村基本拆平，同时回迁房奠基开工。2014年，琶洲村开始整村回迁，完成了全国首个由开发商主导的规模最大的城中村改造项目。2015年开始，琶洲片区先后吸引了二十多家企业总部、四十多家五百强企业进驻。

（3）改造成效

"一轴四区"的功能结构细分：以特色商业步行街为主轴，连接滨水居住区、居民安置区、SOHO办公区和办公休闲区，建设成为商贸与休闲汇集的会展东翼、品质与文化兼具的国际高端城区，改造后初步呈现出"广州的曼哈顿"这一效果（图17）。

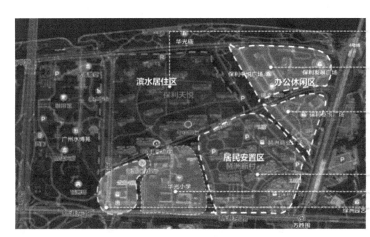

图17　广州琶洲村保利旧改项目改造成效

经济成效：改造后增加了20万 m^2 的集体经济物业；改造后村民个人房屋资产升值超4倍。社会成效：琶洲村改造后，释放面积超过800亩的建设用地，所得的土地资源，部分用于市政道路、滨江绿化带等市政公共配套设施建设、村社物业升级改造、学校等生活配套设施建设。公共服务设施的配套水平大大提高，包括幼儿园、中小学、托儿所、文化室、居民健身场、老人服务站点、社区居委会、肉菜市场等设施一应俱全。

四、典型综合整治（微改造）案例分享

1. 佛山岭南天地

佛山岭南天地位于佛山市禅城区祖庙东华里片区中心地段。项目占地面积达65hm²（净用地面积52hm²），总建筑面积达150万 m^2（商业部分40万 m^2 左右）。

（1）改造方式："局部拆建"和"维护修缮"，原则是"修旧如旧"

政府主导、统一规划、市场运作。2007年，佛山市启动"三旧"改造工作，

出台《关于加快推进旧城镇旧厂房旧村居改造的决定及三个相关指导意见》（佛府〔2007〕68号）（佛山是最先提出"三旧改造"的，并探索出为全省、全国瞩目和赞誉的"三旧改造"佛山模式）。2007年，政府出台华东里片区控制性详细规划等规划文件，由香港瑞安房地产发展有限公司投资改造。东华里旧街区从"旧城镇"改造切入，在2008年2月28日，由香港瑞安房地产发展有限公司启动"佛山岭南天地"工程。祖庙东华里整个古建筑群以"修旧如旧"的方式进行修葺、利用，同时运用现代手法，把整个片区打造成集文化、旅游、居住、商业为一体的综合街区。

（2）更新类型：旧村改造（局部拆建、维护修缮）

佛山岭南天地改造项目是佛山市禅城区祖庙东华里片区的改造项目，当中包括佛山祖庙、东华里古建筑群是国家重点保护文物单位。项目涉及9635户的改造以及3万多人的搬迁补偿问题，同时还需保护和改造片区内的22幢文物建筑及众多的优秀历史建筑。香港瑞安房地产发展有限公司在2008年2月28日启动了"佛山岭南天地"工程，项目分5期开发，2020年底项目正式全面投入使用。

2. 广州永庆坊

永庆坊位于恩宁路北侧，临近粤剧博物馆及西关培正小学，区内有骑楼、竹筒屋以及李小龙祖居等历史建筑，场地内具有浓郁的岭南风情以及西关文化特色。永庆坊片区改造一期占地8000m^2，修缮维护建筑面积为1.2万m^2。

（1）更新类型：街区改造

恩宁路永庆坊微改造项目是广州市首个历史街区微改造更新项目。永庆坊紧邻恩宁路主街，背靠粤剧博物馆。街区内部有民国大宅、李小龙祖居和銮兴堂等历史建筑以及传统民居，是一个典型的广州市老城历史街区。在恩宁路永庆坊微改造项目中，被列入修复改造范围的包括永庆大街、永庆一巷、永庆二巷、至宝大街和至宝西一巷，总面积约为8000m^2。

（2）改造模式——"微改造"模式

恩宁路永庆片区微改造是在维持该指定改造区域内的建设格局基本不变的前提下，通过"修旧如旧，小修小改"的整饰修缮方式对片区进行改造，并且以保护地方历史文化为主要目的对周边环境进行有效整治。在遵循"修旧如旧"的原则下，按照"政府主导、企业承办、居民参与"的BOT开发模式实施修缮维护，通过政府主导，合理引入市场资源来完成保护文化、盘活旧城资源、改善居住环境等目标。

根据2015年颁布的《广州市城市更新办法》，广州市首次提出"微改造"模式，将城市微改造与城市全面改造共同列为城市更新的重要方式。其中，对微改造有如下定义："微改造"指在维持城市建筑风格、特色基本不变的情况下，通过对建筑局部拆建、建筑物功能置换、保留修缮,以及整治改善、保护、活化、完善基础设施等办法实施的更新方式,主要适用于建成区中对城市整体格局影响不大,但现状用地功能与周边发展存在矛盾、用地效率低、人居环境差的地块。

(3) 改造模式——BOT,政府主导、企业承办、居民参与

BOT:政府负责项目前期安置补偿,以出租7200m^2公有物业15年为条件,引入企业,由企业按照《永庆坊片区微改造建设导则》负责微改造范围内的公共空间提升、房屋修缮、消防安全、市政提升、产业引入以及商业运营,运营期满,企业无偿将物业交回给政府。

政府主导:市政府——政策引导:《广州城市更新办法》《广州旧城镇更新设施办法》;市城市更新局——项目立项;荔湾区政府——责任主体:开展居民安置工作,印发"两则";荔湾区城市更新局——组织更新实施;街道办以及社区居委——配合区政府,维护城市更新正常秩序。

企业承办:负责出资对地块内的巷道、广场等公共空间环境品质进行提升,修缮建筑外立面、对建筑内部空间改造。负责招商运营、推广营销以及后续物业管理。

居民参与:居民享受微改造所带来的环境改善以及房屋增值所带来的福利,并可自主选择将私有物业出租给企业进行改造、运营,或自行改造自用、出租。

3. 深圳南头古城改造项目

南头古城,又称"新安故城",南头古城保护与利用项目,位于广东省深圳市南山区南头街道、南头古城内。改造规模:占地面积约38.5万m^2,建筑面积约51.7万m^2。

(1) 更新类型:城中村综合整治

本次改造对古城内千余座建筑重新修整,其中包括284栋拟定回租的房屋。改造过程中充分考虑到了现有古城居民的安置问题,在改造前协调古城内居民搬迁;对于非古城居民的原住民,协调深圳市南头城实业股份有限公司调剂提供短暂租房;还探索异地搬迁模式,对于必须拆除的建筑,在临近更新项目中给予回迁安置等。

(2) 改造模式:三方主体协同推进更新

"政府主导+企业实施+村民参与"三方主体联合,协同推进。南头保护修复与特色文化街区改造提升项目由南山区政府成立"南头古城保护与利用工作指挥部",旨在召集各职能局、属地单位作为参与单位共同推进南头古城更新工作。更新改造的部分:由区政府主导投资完成古城基础设施升级、古建修缮保护、街区打造、文化策展、景观环境提升等公共部分建设。规划、设计、施工的部分:万科作为代建单位进行一体化建设管理。后续运营的部分:在政府的指导下,由

万科公司、南山区属国企深汇通投资控股有限公司、当地集体经济组织南头城实业股份有限公司合资成立运营公司,共同运营。

4. 深圳高北十六改造项目

高北十六创意园地处深圳科技园高新北六道 16 号,深圳市南山区科技园区北侧。改造规模:占地面积 20058m²,改造建筑面积 5110m²。项目位于南山科技园区北区,其在科技园区内所处区域与其他区域相比差异明显。一边是科技产业的社区,很有科技范。另一边是破旧、低密度的街区。

(1)更新类型:工业厂房改造

项目于 2017 年由深圳市盈投置地改造,2018 年建成。整体规划为文化创意园。根据建筑现状,确定改造级别,重建与立面、空间改造结合,现有两栋办公楼以及一座厂房,打造出了一个集文化、科技、创意、智慧于一体的园区。

(2)改造效果

项目内部原貌为东鹏特饮厂房,东方信息港的前身,改造前的建筑物较为破旧,大部分处于闲置状态,沿街以低档商业为主。改造后成为一个创意产业园区,属于社区驱动微改造。

五、城市更新基金融资

1. 融资体系——概述(图 18)

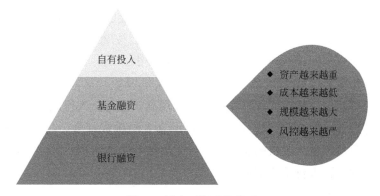

图 18 城市更新融资体系

2. 融资体系——银行融资

(1)深圳更新项目

银行一般在专规后通过发放拆迁贷,且根据交易对手及项目情况对拆迁率有不同要求;部分保守的银行甚至要求确认实施主体后方可贷款。从 2020 年下半年开始,尺度又有所宽松,有的银行对于比较优质的交易对手和项目甚至可以立项后即可放款。

（2）东莞更新项目

在前期服务商阶段，本地商业银行（如东莞农商行等）可在前期服务商确认后，对项目进行融资，资金用于前期服务商费用支付以及收购部分物业使用。大部分银行选择在单一主体挂牌招商方案确认后介入项目，发放更新贷，用于支付拆迁费用，放款额度基本在总拆迁额度的七成左右。

（3）广州更新项目

上平台前（签署合作合同前），与村股份公司签署意向书后，某些银行在某些区可发放城市更新前融贷款，资金用于物业拆赔；某些银行可发放保证金贷款，资金用于缴付保证金。上平台后（签署合作合同后），银行可发放更新贷，用于支付拆迁费用，放款额度基本在总拆迁额度的七成左右。

3. 融资体系——基金融资

（1）深圳更新项目

深圳是大湾区里城市更新基金最活跃的地区，基金数量多，形式多样，总体规模比较大。融资类的更新基金一般在立项后介入，以明股实债模式为主，股权过户及管控是核心；对于某些优质的交易对手，可以在立项前发放少量的更新贷款。纯权益型更新基金在深圳地区也开始出现，是未来的发展方向。

（2）东莞更新项目

东莞的城市更新政策体系在逐步完善；近两年更新基金的活跃度有所加强，但与深圳比仍有不小差距。旧项目：东莞的更新基金以明股实债为主，主要针对权利人自改的旧项目，拆迁风险比较小。新项目：按 2018 年新规走完供地程序的更新项目比较少，该类项目的基金融资还比较少。

（3）广州更新项目

广州的更新项目规模大，开发商主体信用高，银行介入比较早，更新基金的生存空间有限，一般有两类模式：其一，设立夹层融资基金，与银行融资并存，但无法掌控项目，也无股权的实质管控，主要依赖主体信用；其二，通过过户项目公司股东的股权进行明股实债融资。

（4）产品类型（图 19）

（5）退出方式（图 20）

六、未来与思考

城市更新在珠三角地区有着十分重要的战略地位，原因如下：国家重视；城市发展到一定规模的客观规律；地区过往发展快但粗放，需要城市更新着力二次拓展空间。

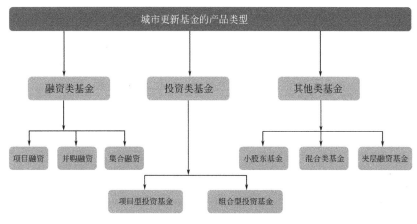

图 19　城市更新基金的产品类型

图 20　城市更新基金的退出方式

大片区、重规划。广东省的统一部署；各地市的过往经验表明碎片式更新行不通；大片区落实大项目（产业项目、公共配套设施等），规划在前、法定化，行动在后、精细化。

多种路径并举。不大拆大建、微改造绣花；政府主导、市场主导混合。

产业、城中村。不变的更新主题。

第五章

新技术
房地产金融与数字化转型

房地产与金融

邹益民

一、房地产是广义金融的组成成分

1. 房地产行业规模大，上涨趋势趋缓

从过往的二三十年看，房地产的发展速度非常快。2021年全国GDP达114.37万亿元，近20年年均增长率约12.4%，同比增长8.1%。从图1可以看出，新冠肺炎疫情影响下，2019年至2021年GDP的增长速度较往年明显趋缓。2021年，全国商品房销售额达到18.19万亿元，近20年年均增长率约19.9%，同比增长4.8%。如图1所示，虽然房地产销售额在2013年至2015年间有所波动，当年GDP总额没有出现明显下降。

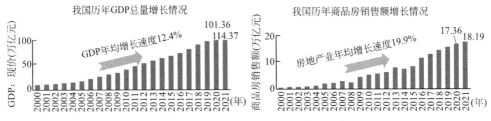

图1 中国历年GDP与商品房销售额增长情况

资料来源：国家统计局；注：商品房口径包括住宅、办公楼、商业营业用房和其他商品房

如图2所示，从GDP与商品房销售额平均增速情况来看，1992年至今，商品房销售额平均增速始终高于GDP。但相比前二十年的高增长状态，2012年至2021年这十年间，GDP与商品房销售额平均增速均有所下降，商品房销售与GDP增速剪刀差缩小。

2. 行业增加值占GDP比重仍处高位

根据国家统计局数字，2021年我国房地产行业增加值约7.8万亿元（不包

作者简介：邹益民，复旦大学金融学博士，中国平安保险（集团）股份有限公司投资管理委员会委员，曾任中国平安保险（集团）股份有限公司执行委员会委员，平安不动产有限公司董事长兼CEO，新鸿基地产（上海）公司董事长，珠江船务发展有限公司副主席。

第五章 新技术 房地产金融与数字化转型

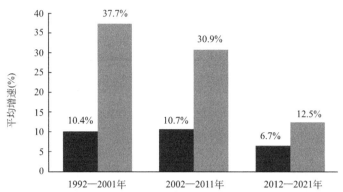

图 2 中国历年 GDP 与商品房销售额平均增速情况

资料来源：国家统计局；注：商品房口径包括住宅、办公楼、商业营业用房和其他商品房

含建安部分）占 GDP 比重约 6.8%（图 3）。以 2017 年投入产出表和支出法进行重新估算，当年房地产行业（全口径）对 GDP 贡献约为 14.7%。房地产对 GDP 的贡献主要分为以下两个部分：房地产的建筑、安装活动计入建筑业的产值，占 GDP 的比重为 9.1%；房地产的销售、物业、租赁等活动计入房地产业的产值，占 GDP 的比重为 5.6%。

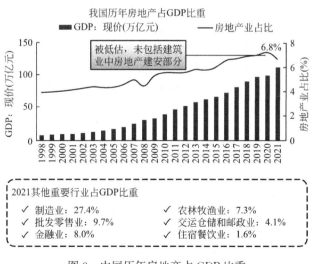

图 3 中国历年房地产占 GDP 比重

资料来源：国家统计局；

注：国务院办公厅规定每 5 年（逢 2、逢 7 年份）进行一次全国投入产出调查，编制投入产出基本表

3. 房地产行业增加值的国际比较

我国房地产行业对GDP的贡献与国际主要发达国家大致相当,在产业结构中发挥着重要作用,影响着居民及产业链上下游企业的财富效应(图4)。

中国:5.6%(服务部分)　　　　　　美国:13.3%
　　　9.1%(建安部分)

韩国:7.3%　　　　　　　　　　　　英国:13.6%

日本:11.3%　　　　　　　　　　　　德国:10.6%

> 为体现可对比性,各国数据均采用2017年各国房地产行业增加值数据(含租赁,不含建筑业中建安产值部分);中国为发展中国家,住房市场以增量为主;发达国家处于城市化发展后期,市场以存量为主,建安部分占GDP相对较低且难以剥离,故不做考虑,房地产占比略微低估

图4　2017年各国房地产行业增加值占GDP比重

资料来源:各国央行及统计局,Wind

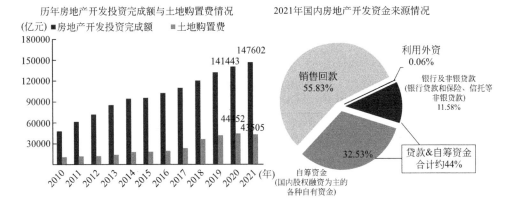

图5　房地产开发投资完成额与土地购置费情况及开发资金来源构成

资料来源:国家统计局;

注:房地产开发投资指房企包括代建、拆迁还建的住宅、厂房等房屋建筑物,配套的服务设施,土地开发工程和土地购置的投资

4. 房地产是资金密集型行业

如图5所示,过去十年,房地产开发投资完成额及土地购置费用高速增长,土地费用占比不断提升,资金投入量大,回收周期长成为行业显著特征。房地产开发资金来源中,除销售回款外,贷款及自筹资金的比例合计占比约44%,前期融资极度依赖各类金融工具。

5. 吸引大量机构资金涌入

截至 2021 年末,全国金融机构人民币贷款余额有 27% 投入房地产领域,在政府贯彻落实"房住不炒"政策、严控金融机构贷款流向背景下,房地产相关贷款余额增速除 2021 年第四季度小幅回升外,整体持续下降;2021 年发行的中资美元债中,有约 24% 由内地房企发起。居民和机构投资者仍倾向于通过投资房地产寻求资产保值增值(图 6)。

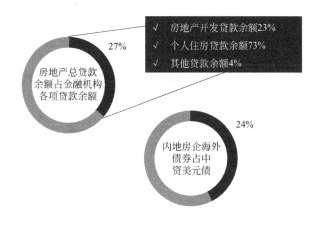

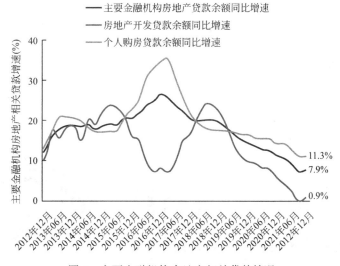

图 6 主要金融机构房地产相关贷款情况

资料来源:中国人民银行金融机构贷款投向统计报告、Wind、彭博数据;

注:2021 年末金融机构人民币各项贷款余额 192.69 万亿元,2021 年中资美元债发行规模约为 1974 亿元

6. 住宅是居民资产的主要配置

根据中国社科院测算,2019 年我国居民住房资产占总资产约 40%,横向比

较下显著高于西方发达国家水平,也意味着金融资产配置的比例较低(图7)。

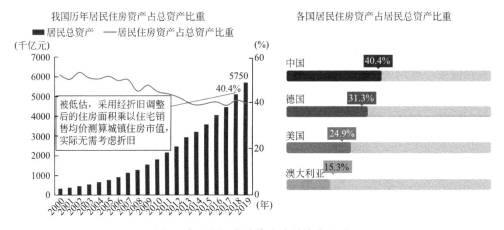

图7 各国居民住房资产占总资产比重

资料来源:中国社科院、德国统计局、美国经济分析局、澳大利亚统计局;

注:中国社科院仅公布至2019年数据,其他各国居民住房资产数据为2019年数据

二、国际代表房地产资产管理公司

1. Blackstone Group 黑石集团

黑石集团是世界领先的私募股权基金和房地产另类资产管理集团,2021年全球在管资产规模(AUM)约8810亿美元,包含私募股权、房地产板块、信贷保险、对冲基金四大业务(图8)。

图8 黑石集团总资产管理规模及各类业务占比

黑石集团房地产板块业务起步于1991年,以机会型股权投资业务为主,辅以核心增值型和地产债券业务,截至2021年在管资产规模约2795亿美元。黑石

集团专注于在存量市场中寻找投资机会，而非传统地产开发，其机会型股权基金核心投资策略为：买入、修复、卖出。本质是购买成熟物业、提高财务杠杆、更换管理团队、迅速扩大规模，典型项目投资周期3~5年（图9、图10）。

✓ 专注于投资管理不善但质量较高的资产
机会型基金

✓ 主要投资拥有稳定现金流及回报的核心型物业，风险水平及投资杠杆较低
核心增值型基金

✓ 专注于夹层投资和流动性较高的债券投资
地产债券基金

图9　黑石集团房地产板块业务类型

资料来源：企业公告

	买入 Buy it	修复 Fix it	卖出 Sell it
核心策略	• 以低于重置成本的价格收购成熟物业资产	• 迅速解决所投资公司的硬伤、资本结构或运营管理问题	• 出售：将资产出售给保险、REITs等长期投资人 • IPO：将成规模的物业平台分拆上市、整体出售
具体特点	• 并购在硬件设施、市场定位、运营管理等方面有暂时性缺陷的资产 • 并购因过度杠杆融资致使所有权结构受损的房企，或寻求退市的上市公司	• 设立资产管理平台，统一管理某区域新收购物业 • 收购经验丰富的管理团队，以多次项目并购助其迅速实现规模扩张，并通过提高杠杆率放大资本收益	• 平均持有期超过3年； • 接盘方通常是西蒙、普洛斯等知名上市地产企业，或国家主权财富基金、养老基金、对冲基金等机构投资者
案例操作	• 项目股权：上海调频壹广场 • 非上市公司股权：IndCor、Multi Cor • 上市公司/REITs私有化：EOP REITs	• 定位和设计优化 • 收购/招募本地团队 • 资产管理提升 • 成熟资产收购 • 平台规模扩张	• 物业分拆出售 • 物业股权出售 • 平台分拆上市 • 公司股权出售

图10　黑石集团机会型股权基金投资策略

资料来源：企业公告

2. Brookfield 博枫资产管理公司

博枫资产管理公司是一家全球另类资产管理公司，核心布局在北美和欧洲地区。2019年三季度完成对Oaktree基本收购后规模实现跳涨，2021年全球在管资产规模（AUM）约6900亿美元；旗下房地产板块资管规模约2510亿美元（图11）。

图 11　博枫资产管理公司总资产管理规模及各类业务占比

资料来源：企业公告；

注：2019 年 9 月 30 日 Brookfield 完成收购 Oaktree 约 61% 股权，

计算总资管规模时按 100% 控股 Oaktree 折算；含 Oaktree 中房地产部分

博枫资产管理公司从全球最大的机构投资者、主权财富基金、养老金计划和个人投资者处筹集公共和私人资本，用于投资房地产、基础设施、可再生能源、私募股权和公开证券（图 12）。

图 12　博枫资产管理公司主要业务板块

资料来源：企业公告

3. CapitaLand 凯德集团

凯德集团是亚洲规模最大的房地产集团之一，地产业务主要集中于新加坡和中国，横跨多元房地产类别，包括办公楼、购物中心、产业园区、工业及物流地产、商业综合体、城镇开发、服务公寓、酒店、长租公寓及住宅。2021年，凯德集团公布业务重组计划，推出轻资产战略，将旗下投资管理平台和旅宿业务整合为凯德投资（CLI），同时将房地产开发业务私有化。2021年9月凯德投资（CLI）在新加坡完成上市，截至2021年9月30日在管资产规模（AUM）约1208亿新元，80%以上资产位于亚洲，是亚洲最大的房地产投资管理公司（图13）。

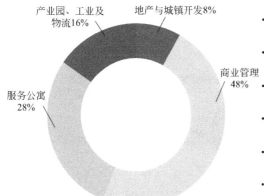

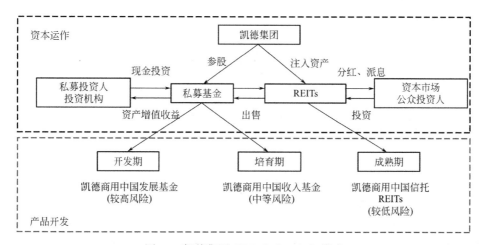

图13 凯德集团各业务资产管理规模占比情况

凯德集团拥有完善的资本运作链条、丰富的商业运营经验和成熟的管理运营体系，运用"PE + REITs"模式为优质项目提供资金保障和退出途径（图14）。

图14 凯德集团"PE + REITs"模式

4. Tishman Speyer 铁狮门

铁狮门是美国顶级地产开发商、运营商及基金管理公司之一，自 1978 年成立以来，铁狮门致力于投资美国、欧洲国家、巴西、中国和印度的地产项目，全球在管资产规模达 880 亿美元，管理面积超过 1600 万 m^2。其资产运营模式如图 15 所示，主要基金种类及运营策略如表 1 所示。

图 15　铁狮门资产运营模式

铁狮门主要基金种类及运营策略　　　　　　表 1

主要基金业务	基金名称	成立时间	股权资本额(亿)	投资区域	投资类型	运营策略
核心基金 Core Funds	欧洲战略办公物业有限合伙基金(ESOF)	2003	EUR 6.02	西欧	写字楼	收购
增值基金 Value Added Funds	Fund Ⅰ	1997	USD 8.5	全球	写字楼	增值
	FUND Ⅲ	1999	USD 2.15	全球		
	FUND Ⅳ	2000	USD 3.59			
	US FUND Ⅴ	2001	USD 2.66	美国		
	INTERNATIONAL FUND Ⅴ	2001	USD 2.87	全球		
	FUND Ⅵ	2004	USD 12.0	美国	写字楼/商业	
	FUND Ⅶ	2007	USD 15.0		写字楼/住宅	
	FUND Ⅷ	2012	USD 6.92		写字楼	
	TSEV	2007	EUR 10.0	欧洲	写字楼/住宅/综合	

续表

主要基金业务	基金名称	成立时间	股权资本额(亿)	投资区域	投资类型	运营策略
机会性投资基金 Opportunity Funds	BRAZIL FUND Ⅰ	2007	BRL 12.0	巴西	写字楼/住宅/综合	机会性投资
	BRAZIL FUND Ⅱ	2008	BRL 1.97		写字楼/工业/住宅	
	BRAZIL FUND Ⅲ	2012	BRL 7.56		写字楼/综合/住宅	
	China Fund	2008	USD 8.84	中国	高速增长城市的物业	
	INDIA FUND Ⅰ	2007	INR 157.0	印度	写字楼/住宅/综合	

资料来源：企业公告

三、房地产金融化趋势

1. 国际趋势：精细化运作、专业化分工

国际上以房地产基金（REITs）为主的金融产业链发达，开发商是吸引资金、中介流通和项目运作的组织者（图16）。

图16 全球地产企业类型市场规模及美国房地产市场开发各环节分工

资料来源：UBS，第一太平戴维斯

2. 房地产私募基金

全球各类私募基金中，超15%投入到房地产领域（图17）。

3. 房地产金融门槛较高

全球私募房地产基金历年资本募集情况及2021H_1-TOP10封闭私募房地产基金产品如图18所示。

基金募集总额稳定和数量的减少，意味着资本正不断向大型基金集中。由图19可见，2014年以来，国际私募房地产基金管理公司募资总规模TOP100共募集4437亿美元，其中TOP10共募集约1820亿美元，约占总募集资金的41%。

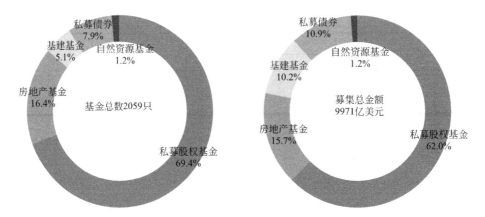

图17 2019年全球各类私募基金数量及金额分类占比情况

资料来源：Preqin。注：数据口径包含广义的封闭式私募基金，其中房地产基金包含房地产基金、房地产组合投资基金（FOF）、二级市场投资工具（Real Estate Secondaries）

图18 全球私募房地产基金历年资本募集情况及2021H_1-TOP10封闭私募房地产基金产品

资料来源：PERE。注：PERE数据口径与Preqin略有不同，PERE全球私募房地产基金不包括房地产组合投资基金（FOF）和二级市场投资工具（Real Estate Secondaries）

4. 国内现状：房企以银行为主要融资手段，负债率高

传统房企混业经营，同时肩负融资、投资、开发、销售和运营业务。作为资金密集型行业，我国房企普遍具有很高的负债率（图20）。

5. 金融政策持续收紧

中央持续强调落实房地产长效机制，实施房地产金融审慎管理制度。从严监

国际TOP10私募房地产基金管理公司	2014年1月1日—2019年4月1日募集资金(百万美元)
Blackstone(黑石集团)	55251
Brookfield Asset Management(博枫资产管理)	29537
GLP(普洛斯)	17155
Starwood Capital Group(喜达屋资本集团)	16889
The Carlyle Group(凯雷投资集团)	11805
Cerberus Capital Management(瑟伯罗斯资本管理公司)	11803
Lone Star Funds(孤星基金)	11600
Pacific Investment Management Co.(太平洋投资管理公司)	10100
AEW Global Group	9460
Angelo Gordon(安祖高顿)	8446

图 19 国际 TOP10 私募房地产基金管理公司募资规模

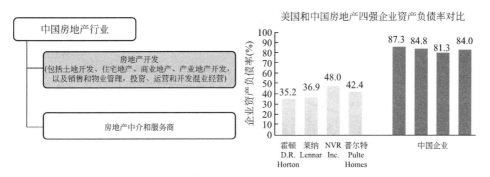

图 20 中国房地产行业主要参与方及中美房地产企业负债率对比

资料来源：企业年报。注：霍顿、NVR、普尔特报表期 2021 年 6 月 30 日，莱纳报表期 2021 年 5 月 31 日，中国 TOP4 房企报表期 2020 年 12 月 31 日

管环境下，地产传统债权融资渠道被全方位限制；至 2021 年下半年，高层发声稳定房地产市场预期（图 21）。

6. 房企面临冲击

传统融资渠道收紧，房企整体资金面紧张，部分中小型房企或面临流动性风险；国企及大型房企扩张机会增加，销售集中度提高，资金获取难度及融资成本将显著分化；对负债率高及非标融资占比高的房企预计带来较大冲击。

7. 房地产私募基金：迎来发展窗口期

近年国内私募基金管理规模快速增长，2021 年 H1 达 17.9 万亿元。但房地产私募基金整体数量及规模占比较低，且单只产品资金量普遍低于 2 亿元，投向以房企及项目股权为主（图 22）。

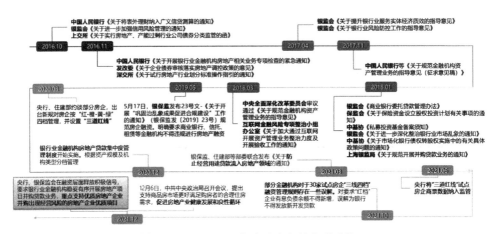

图21 2016—2021年房地产相关金融政策

资料来源：根据公开信息整理

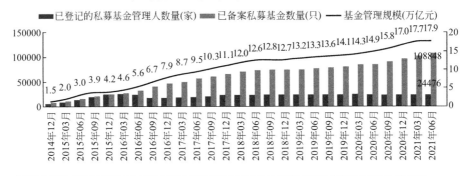

2018年	所有私募基金	房地产私募基金	房地产私募基金占比(%)
备案基金数量	74,629只	2,538只	3.4
已登记基金管理人数量	24,448家	764家	3.1
基金管理规模	12.7万亿元	1.5万亿元	11.8

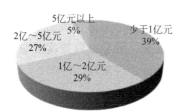

图22 中国房地产私募基金规模情况及主要投向

资料来源：WIND，中国证券投资基金业协会，PE研究院，诺承投资《2018地产基金研究报告》

8. 股权合作机会加大

与大型财务投资人开展战略股权合作有利于房企降负债、扩规模，也有利于行业健康发展，将成为未来主流方式（图23）。

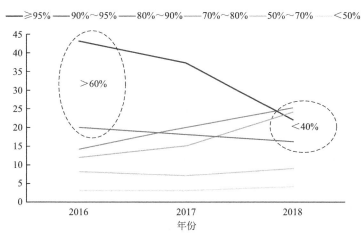

权益比在90%以上的房企数量明显减少，占比从2016年的超60%降至2018年的不足40%

图23　中国TOP100房企权益比数量分布及动因分析

资料来源：CRIC

9. 未来房地产发展方向

房地产行业向专业化分工发展，资本运作贯穿全产业链，凭借精细化运营在充分竞争中实现突围（图24）。

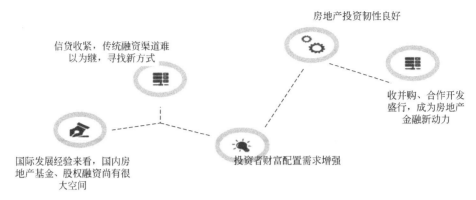

图 24　未来中国房地产发展方向

四、数字化是房地产金融升级的基础

1. 数字化转型：基于海量数据与超强算力带来的效率提升、业务转型乃至行业变革。包括以下三个方面。

（1）数字化转换（Digitization）：核心是"信息的数字化"，指的是信息从模拟信号格式到数字信号格式的转换过程，本质都是将信息以"0-1"的二进制数字化形式进行读写、储存和传递。例如，从文本到 Word，从手绘图纸到 CAD，从磁带到 MP3 等。

（2）数字化升级（Digitalization）：强调"流程的数字化"，基于数字化技术进行的组织流程和业务流程的数字化，运用数字技术改造商业模式，产生新的收益和价值创造机会。例如，企业资源计划（ERP）系统、供应链管理（SCM）系统等。

（3）数字化转型（Digital Transformation）：着力"业务的数字化"，是指将数字技术和解决方案集成到业务的各个领域，使公司在一个新兴的数字化商业环境中发展出新的业务（商业模式）和核心竞争力。这既是一种技术变革，也是一种文化变革，因为它要求企业在运营方式以及提供客户体验和收益的方式上作出根本性转变。

数字化转型的相关技术包括：大数据、云平台、云计算、5G、物联网、区块链、人工智能等。

2. 传统房企的数字化目标是降本增效

调研显示，TOP50 房企的数字化战略目标中，提升内部运营效率，实现降本增效是绝对核心。房地产企业致力于通过数字技术实现传统业务流程的标准化及效率提升，智能决策应用及商业模式变革为时尚早（图 25）。

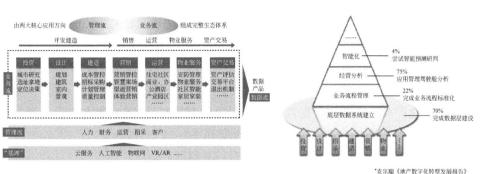

图 25　典型房企的数字化战略规划架构与数字化发展现状

3. 围绕房地产企业的数字化科技服务

仲量联行（JLL）在《全球房地产科技白皮书》发布五大全球房地产科技应用场景：

（1）设计与施工：数字设计、创新施工技术和材料、项目流程管理、健康和福祉。

代表机构：Green Badger 美国（LEED 认证项目全过程管理 SaaS 提供商）、Cityzenith 美国（智慧城市软件公司，提供基于数字孪生技术的软件和管理平台）、Prescient 美国（多户预制装配式结构系统提供商，能够将 3D 的 BIM 图纸转换为自动装配指令）。

（2）物业与设施管理：楼宇数字化监控、物业自动化管理、租户/用户体验、机器人和智能材料。

代表机构：Corrigo 美国（CMMS 数字化物业管理云 SaaS 平台）、Arbnco 英国（商业建筑能源和健康数据管理优化平台）、JLL Jet 美国（提高企业员工混合办公体验的手机应用程序）。

（3）租赁与营销：线上房源平台、数字化租约管理、共享服务平台、营销和分析工具。

代表机构：TenantBase 美国（房产经纪平台，提供技术支持的经纪平台，简化了为中小企业寻找和租赁办公空间的过程）、Essensys 美国（灵活办公空间管理平台，提供下一代办公空间体验所需的软件和数字基础设施）、Airbnb 美国（民宿租赁平台，致力于短期出租房屋或房间的服务）。

（4）财务与估价：测算与估价、借贷、募资、资金结构和合规。

代表机构：LendInvest 英国（P2P 抵押贷款平台，专注于面向房地产专业人士提供融资服务，并为个人和机构用户提供投资房地产所需的抵押贷款）、Geo-

Phy 荷兰（房产大数据分析平台，主要为房地产和金融部门提供数据库和分析工具）、Cadre 美国（房地产投资平台，基于大数据等技术，整合多家房地产项目资源，为投资人提供投资咨询与建议，帮助投资人实现收益）。

（5）收购与重组：线上并购平台、数字化交易、战略和资产选择。

代表机构：Aucspace 英国（房地产在线拍卖平台，为卖家及时提供有关拍卖资产的法律文件摘要）、Dealpath 美国（房地产云投资交易平台，致力于通过软件为房地产投资机构和开发商提供数据协作支持）、PEXA 澳大利亚（澳大利亚房屋交易所，是唯一的全国性电子产权交易平台）。

4. 中国房地产行业交易综合服务平台——易居

易居企业集团以一手房营销、二手房经纪及克尔瑞房地产大数据服务为核心产品，服务 95% 以上的百强房企，围绕房地产交易环节提供全方位综合服务（图26）。

图26　易居集团核心业务板块

5. 不动产生态链数字化伙伴——明源云

明源云以营销服务为起点，深耕数字科技，打造房地产业 ERP（企业资源计划 Enterprise Resource Planning）系统及 Paas（Platform-as-a-service）开放平台，加速不动产生态链数字化升级（图27）。

6. 数字建筑平台服务商——广联达

广联达立足建筑产业，以提供建设工程领域专业应用产品为核心，包含工程

ERP是一种主要面向制造行业进行物质资源、资金资源和信息资源集成一体化管理的企业信息资源系统。Paas是将软件研发的平台作为一种服务提供的商业模式,是云计算三种服务模式之一。

图 27 明源云服务矩阵

造价、工程施工、工程信息、工程教育、项目管理等九大业务近百款产品。帮助提升工作效率,降低工程成本,促进行业技术与管理进步。

广联达五大主要业务板块:

(1)造价:提供贯穿立项决策、设计、招投标、施工及竣工结算的全过程工程造价管理及控制的信息化系列产品。面向国际市场的 Cubicost 成本管理系列产品,MagiCAD 系列设计产品已经走在世界 BIM 技术前列。

(2)施工:聚焦工程项目建造阶段,覆盖商务、技术、生产各业务线,利用数字化技术为项目和企业的在线协调、智能决策提供整体解决方案,为施工企业数字化转型升级提供一站式服务。提供五大解决方案:智慧工地、BIM 建造、数字企业、"数字中国 BIM＋智慧工地"。

(3)创新:规建管一体化,打造基于 CIM 的规建管一体化平台,为新城新区建设提供数字化解决方案。建管中心一体化,以 BIM 为手段,以云技术为支撑,为建管中心提供项目全生命周期一体化解决方案及平台。内装一体化,运用 BIM 技术和互联网技术实现前端精装个性化需求和后端全产业链一体化协同的解决方案。

(4)生态:新金融,围绕建筑产业供应链,利用产业数据形成数据风控模型,有效解决建筑产业中小企业融资难的问题。工程教育,服务全国建筑类院校,提供实训课程与教材开发,网络培训＋考试/认证＋就业、移动教辅工具等服务。战略投资与并购,完成多起收购,投资多家公司;作为有限合伙人参与发起十余个基金,并进行战略投资。

(5)其他:数字供应商,帮助传统建材企业转型,打通从生产制造到营销到交易服务的价值链，让建材企业真正触达海量采购用户，并更好地融入未来数字建筑产业生态。数字政府：面向建筑行业主管部门，提供信息化业务的咨询、应用开发、系统支持和增值服务（图28）。

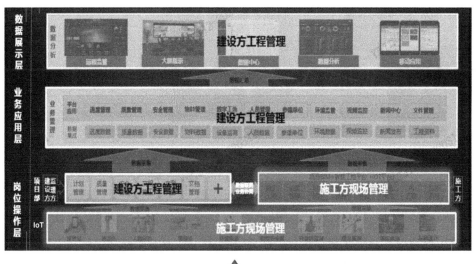

图28　工程项目数字化管控架构

7. 国内创新型地产金融模式介绍

打造全价值链投资能力、全过程金融产品的设计能力和全方位的风险控制能力，在房地产行业全链条中（开发建设、销售、运营和资产处置等）进行产品设计和投资（图29）。

（1）地产投融资一体化平台

地产投融资一体化平台发展逻辑见图30。

平台服务模式规划：资产方通过平台发布融资需求，资金方通过平台发布资产投资需求。平台应用相关数据科技及核心系统对底层资产进行评审后，向合适的资金方推送项目基本信息及平台参考意见，以实现资金与资产的高效匹配。双方达成初步意向后，平台提供线上线下的尽职调查和交易撮合服务；达成交易

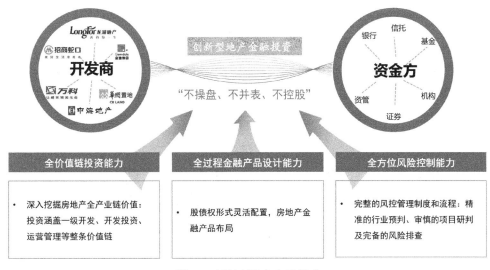

图 29 创新型地产金融模式

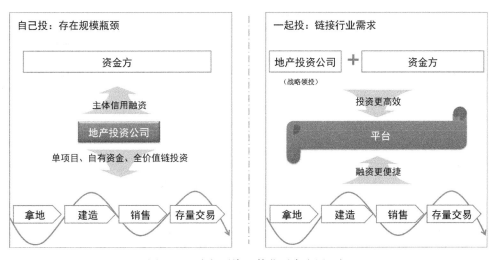

图 30 地产投融资一体化平台发展逻辑

后,提供全流程智慧投后管理服务(图31)。

(2)投得更准、管得更好

地产行业数字化、流程标准化,让智慧投融资管理平台成为可能。平台能够凭借丰富的资产投资和运营管理经验,链接众多地产及金融合作伙伴,精准高效的双向匹配、全链条的产品设计和全方位的风险管理能力是其核心优势(图32)。

① 投得更准——智慧投评系统

六大维度深入剖析资产、打造智慧评价体系;平台可应用评价结果参与领

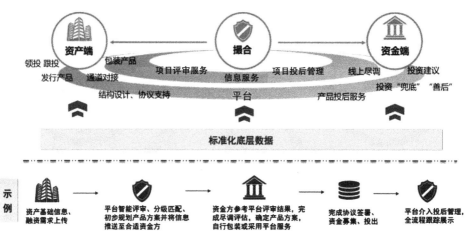

图 31　地产投融资一体化平台核心模式

图 32　地产投融资一体化平台规划

投,培养用户习惯,提升用户黏性(图33)。

智慧投评系统城市要素分析如图34所示。

智慧投评系统项目要素分析如图35所示。

② 管得更好——智慧投后系统

项目底层穿透,数据化全景记录、智能化信息展示,为资金方跟踪投融资全周期动态(图36)。

项目投后管理标准化流程如图37所示。

第五章 新技术 房地产金融与数字化转型

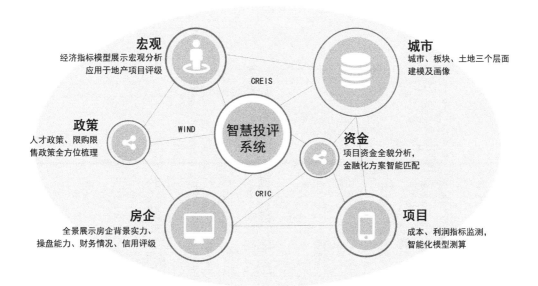

图33 智慧投评系统

		指标意义	计算方式
经济产业	经济总量	城市经济发展基础	GDP
	人均生产能力	单位人口的生产力水平及贡献值	GDP/常住人口
	经济增速	城市经济发展速度及增长活力	GDP复合增长率
	经济结构	专业性服务业发展水平，经济活跃度	第三产业GDP/GDP
配套建设	轨交发展水平	交通便捷度，板块联系紧密度	轨交里程/建成区面积
	轨交铺设速度	城市架构拉开速度，价格洼地	近年轨交里程增长
	公共设施投入	民生配套丰富度，宜居性	地产外固定资产投资额/城市面积
人口吸引	人口基数	城市人口发展基础	常住人口
	人口增速	人口基数变化情况	常住人口复合增长率
	人口吸附力	能否留住本地人，外溢或虹吸	常住人口/户籍人口
	置业门槛	在住宅方面，城市居民的实际购买力	城镇人均可支配收入/主城区均价
	城市居民转化	农村人口转化为城镇人口的速度	城镇化率增速
市场健康	供求关系	住宅市场发展基本面最直接的指标	成交量/供应量
	库存压力	逆向，模拟广义库存，未来1~2年竞争压力	宅地成交量/平均成交量
	价格增速	逆向，投资价值的价格兑现情况	成交价格复合增长率

图34 智慧投评系统城市要素分析

125

房地产行业发展与创新实践

序号	分类	细分项	细分项	细分项	细分项	细分项	细分项	细分项	细分项	细分项	细分项
1	项目信息特征（用于分类标志）	所在城市	操盘方	项目类型（刚需/刚改/刚改（改善））	股权比例	容积率	院商	建筑密度	项目总计存面积	项目总建筑面积	项目状态（运营中/尾盘（销售90%以上）/已退出）
2	关键时间点	拿地后×月开工	开盘后×月开盘	开盘×月开始销售	退出条件达成时间（拿地后×月）		底商在住宅开工后×月开始销售	首套在段完工后×月召开			
3	成本指标	装配式要求（比例×%）	毛坯式直售单方成本	毛坯式计容单方成本	毛坯式计容单方成本	精装单方					
4	成本支付进度	开工支付至×%	竣工支付至×%	竣工支付至×%	尾款在竣工后×月付清						
5	成本管控能力	首套成本较投决决算增加比例	第一次董事会成本较投决决算增加比例（×%）	最终成本较投决决算增加比例（×%）							
6	车位相关	不可售户数占总车位比例（×%）	地下单车位面积	地下车位销售决算增加比例	住宅管销售住宅销售比例	车位销售均价与住宅销售均价比值	非人防/人防车位差换可售				
7	销售去化情况（分业态：高层、别墅、底商、商业、车位等）	首期开盘当季销售率（×%）	二期开盘当季销售率（×%）	整盘去化情况（开盘后×月，已退出项目填写）	整盘去化价格总成本（售罄项目填写）						
8	销售回款进度（分业态：高层、别墅、底商、商业、车位等）	近一年销售第二季度回款比例（×%）	近一年销售第二季度回款比例（×%）	近两年销售第二季度回款比例（×%）	整盘均价达到项目成本（×%）	尾盘或已退出项目全周期销售当季回款比例（×%）	尾盘或已退出项目全周期销售第二季度回款比例（×%）	尾盘或已退出项目全周期销售第三季度回款比例（×%）			
9	执行力度										
10	资金监管	监管原则									
11	两费信息	投决时管理费比例	现时点营销费实际支付比例	投决时营销费用（×万元）	临时性售卖及样板间费用（×万元）						
12	开发货	开发货总金额（亿元）	开发货总占地比例	开发货是否建安成本比例	开发货退款比例	项目竣工时成本比例	竣工时开发货存比例				
13	税信息	土增税是否可退税（是/否）	增值税退税比例	增值税退税是否可退税	所得税退税比例	自持物业是否可抵税	无修改物业是否可抵税	所得税预缴率	增值税预缴率	土增税清缴时间	土增税分类方式
14	土地成本相关	地下空间是否带补交地价	红钱外市政配套费收费标准	补缴时点							
15	股东投人	股东借款利率（×%）	注册资本金额	是否需替合作方踢财	如有超额激励，分配原则	如有超额利率（作方超额利率）	盈余资金是否无息提取（是/否）	股东借款息付式季度结息、年度结息	盈余资金是否优先归还股东借款		
16	收益相关	投方外现财务比例（×万元/年）	退方自由现金流（投入出×月）	现金流回正时间（投出×月）			溢价能力				
17	开发商信息	已合作项目个数	已合作项目中做开发货个数	已合作项目中贷款决议的个数							

图 35 智慧投评系统项目要素分析

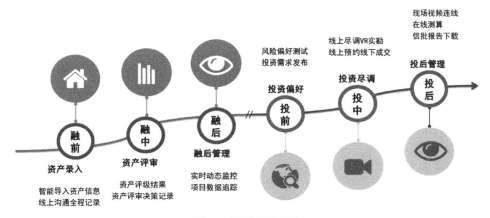

图 36　智慧投后系统

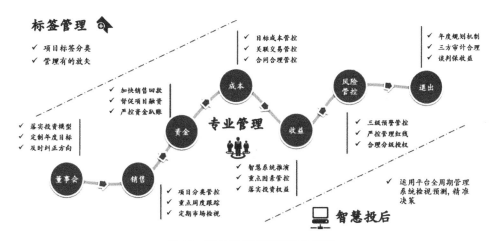

图 37　项目投后管理标准化流程

五、房地产金融数字化障碍与问题的思考

（1）数据有限、标准化不足

海量数据和超强算力是数字化转型的原动力。智慧投资六大维度对底层数据量需求极高，基本涉及智慧城市建设所有方面，包括人口、交通、GDP、区域活跃度、城市资源分布、基础设施建设等，相关数据来源不足；同时，地产行业数字化转型尚未完全实现，底层数据质量较差、标准化不足。

（2）金融及房地产政策监管

对房地产投资及资金运用的政策监管力度处于高点，行业下行预期高，投资意愿较低。

（3）B端平台流量有限

参与新建房地产项目及大宗存量资产的机构和交易数量有限，流量长尾效应贡献不足，活跃度较低。

障碍如何解决？房地产金融是否还有新的模式？

未来且待诸君。

第五章 新技术 房地产金融与数字化转型

建筑设计数字化创新

李一帆

一、房地产企业的转型之路

1. 寡头时代，用户需求日益提升，房企如何锻造穿越周期的能力？

稳增长、提效益、控风险、升级品质、锻造核心竞争力。

（1）销售增速持续下滑（图1）

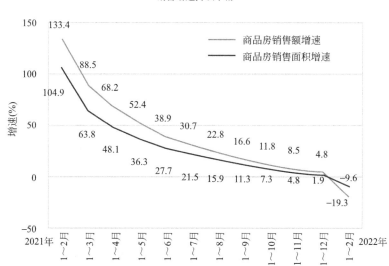

图1 2021年全国商品房销售额与面积增速变化情况

面对市场增速和利润空间的下滑，房企需要向精细化运营转型，追求投资决策、规划设计、施工建造、采购、营销等各个业务环节的降本增效。

（2）后疫情时代，用户需求发生变化（图2）

终端用户需求的变化决定了产品服务及其提供方式的变化。受新冠肺炎疫情

作者简介：李一帆，清华大学电子系2010级校友，品览科技董事长、创始人，清华大学电子信息系学士，姚班AI课程学习，卡耐基梅隆大学计算机硕士。

图 2　终端用户的需求变化

影响，用户对提升居住品质需求更高，消费行为高度线上化。

（3）行业集中度快速提升（图 3）

市场竞争更为激烈，头部阵营相对固化，房企将更加重视规模、效益及防风险的均衡，以期在稳定中谋求可持续发展。

图 3　2015—2020 年房地产行业集中度变化趋势

2. 机遇与挑战——外部政策引导与内部经营需求促使行业变革

上游企业积极响应政策号召，房企变革机遇与挑战并存。市场调查显示，地产领域近 45% 的企业将数字化作为未来企业发展的战略选择，这些企业多为头部企业。调查也显示人工智能、数据分析技术和 5G 技术被视为未来五年影响地产行业发展的关键技术。

（1）政策引导

"十四五"开局以来，我国城市从大规模增量建设阶段转为存量提质改造和增量结构调整并重的阶段；助力建筑行业提质增效的智能建造，成为房企转型发展的重要抓手。

(2) 行业趋势

行业发展进入管理红利时代，存量化趋势带来的产业价值链重塑，使得房地产开发商等主体面临新的市场环境，需要借力数字化手段向精细化运营和多元化经营转型。

(3) 头部引领

头部企业积极实践，碧桂园研发自动砌砖机器人、保利开发商办人工智能应用场景，万科与百度联手打造万科智造，越来越多的头部企业进入人工智能领域，包括协助看地—定位—强排—测算—审查决策等应用场景越来越多。

3. 高质量城市更新——房地产从"增量扩张"向"存量优化"转型

(1) 房企发展契机："十四五"规划——城市更新

"加快转变城市发展方式，统筹城市规划建设管理，实施城市更新行动，推动城市空间结构优化和品质提升。"——《中华人民共和国国民经济和社会发展第十四个五年规划和2035年远景目标纲要》。

(2) 城市更新难点与挑战

• 开发周期长（周转联动能力）：城市更新项目涉及意愿征求及拆迁补偿等复杂环节，从立项到销售，时间周期可达7~10年。

• 资金压力大（资金运作能力）：城市更新项目的规模体量大，开发周期长，资金占用量巨大，需要房地产企业能够支撑满足长期的资金需求。

• 规划难度高（规划定位能力）：城市更新多为多业态的综合工程，需要有精准的定位和细致、全面的规划，需要房地产企业有很强的操盘能力。

• 关系复杂（统筹协调能力）：城市更新项目涉及一、二级开发，需平衡政府、村民各方的利益诉求，需要房地产企业具备很强的协调能力。

• 市场不确定性（运营决策能力）：长时间的开发周期意味着需要对应市场的变化与其带来的不确定性，要求房地产企业有着跨越周期的综合运营管理能力。

优本增效，数字化工具助力房企磨炼管理内功。在"十四五规划"推动下，高质量的城市更新上升到国家战略。对房地产企业而言，发展城市更新项目有助于拓宽获地渠道，降低拿地成本，补充城市土储，成为实现战略扩张的"新风口"。同时，开发难度与利润压力也对房企的精细化管理内功提出了更高的要求。

4. 外因：全方位科技渗透——智能建造与数字化协同成为大势所趋

(1) 智能建造强国目标

"十四五"规划——智能建造。"十四五"时期，我国要初步形成建筑业高质量发展体系框架，建筑工业化、数字化、智能化水平大幅提升，建造方式绿色转型成效显著，加速建筑业由大向强转变。到2035年，建筑业发展质量和效益大幅提升，建筑工业化全面实现，建筑品质显著提升，"中国建造"核心竞争力世界领先，迈入智能建造世界强国行列。——住房和城乡建设部《"十四五"建筑业发展规划》。

（2）实现路径：智能建造，加速建筑行业由大向强转变

- 完善智能建造政策和产业体系（产业体系搭建）：构建涵盖科研、设计、生产加工、施工装配、运营等全产业链融合一体的智能建造产业体系。
- 夯实标准化和数字化基础（BIM集成应用）：加快推进建筑信息模型（BIM）技术在工程全寿命期的集成应用，强化设计、生产、施工各环节数字化协同发展。
- 推广数字化协同设计（协同设计平台）：建立数字化协同设计平台，推进一体化集成设计与精益设计，探索人工智能技术在设计中的应用。
- 大力发展装配式建筑（生产施工智能化）：构建装配式建筑标准化设计和生产体系，推动生产和施工智能化升级，提高装配式建筑综合效益。
- 打造建筑产业互联网平台（互联网解决方案）：加强物联网、大数据、云计算、人工智能、区块链等新一代信息技术在建筑领域中的融合应用（图4）。

数字化管理 运营成本下降　**数字化协同** 沟通成本下降　**数字化施工** 施工效率提升　**数字化智造** 项目品质提升

图4　数字化在房地产生命周期中的主要参与环节及其优势

5. 内因：乌卡时代（VUCA），唯有精打细算借力数字化，向管理要红利才能活下去

数字化大平台：承载大运营的主数据系统，赋能各职能部门，协同发力，确保VUCA时代下仍然可投资测算模型（图5）。

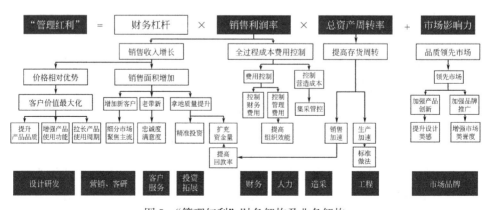

图5　"管理红利"财务解构及业务解构

第五章 新技术 房地产金融与数字化转型

二、数字化浪潮

1. 软件即服务（SaaS）概述

SaaS给用户提供的能力是使用在云基础架构上运行的云服务提供商的应用程序。可以通过轻量的客户端接口（诸如Web浏览器、基于Web的电子邮件等）或程序接口从各种客户端设备访问应用程序（图6）。

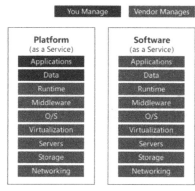

图6 不同类型云端服务产品对比

（1）美国SaaS管理软件

美国的Saas管理软件业务功能极其复杂，应用领域非常垂直，产品设计重点在化繁为简，硅谷的科技公司是SaaS软件重要的早期使用者。

（2）中国SaaS管理软件

现阶段，中国的SaaS管理软件发展不如美国成熟，但是由消费互联网催生的SaaS管理软件相当发达。

2. 人工智能（AI）概述

马文·明斯基（Marvin Minsky）定义人工智能为"人工智能是关于让机器胜任需要人类智慧才能完成任务的科学"，其发展历程如图7所示。

20世纪50～70年代　　　　　20世纪80年代～21世纪10年代　　　　目前
神经网络　　　　　　　　　　机器学习　　　　　　　　　　　　　深度学习
神经网络的早期工作　　　　　机器学习逐渐普及　　　　　　　　　深度学习的突破
激发了对机器学习的探索　　　　　　　　　　　　　　　　　　　　推动了人工智能的繁荣

图7 AI的发展历程

133

3. 大数据与人工智能软件（图8）

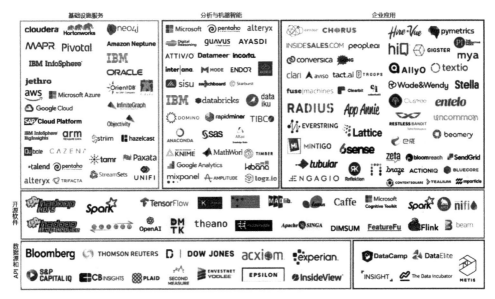

图8　大数据与人工智能软件

垂直行业 AI 兴起非常早，造就了 AI 发展的普及化和平台化。

4. 从 Gartner 曲线看未来发展趋势（图9）

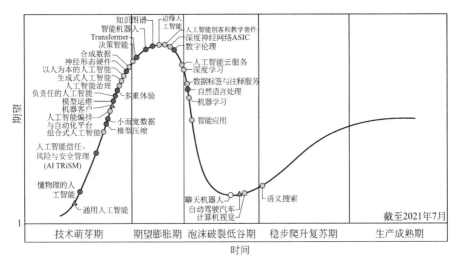

图9　从 Gartner 曲线看未来发展趋势

三、地产科技正当时

1. 地产科技迈入 3.0 时代

随着越来越多的超级 APP 兴起，新科技将更多应用在房地产中（图10）。地产科技的发展趋势如图10所示。

	"封闭式发展"	"开放互联时代"	"人工智能时代"
	PropTech 1.0 2000-2007年	PropTech 2.0 2008-2016年	PropTech 3.0 2017-现在
房企焦点	住宅	住宅&办公	住宅、办公、商业及混合业态
技术驱动	·基础信息技术 ·个人电脑普及 ·数据分析技术	·互联网 ·移动设备 ·大数据基础设施和软件	·人工智能与机器学习 ·区块链 ·5G ·物联网与自动化
技术趋势	·房产销售线上化 ·家居装饰电子商务 ·数字化设计与施工一体化 ·数据驱动市场研究	·共享经济 ·线上租赁服务 ·SaaS ·智慧建筑与智能家居 ·大数据分析 ·智慧家装	·AR/VR ·3D打印技术 ·智能机器人 ·楼宇自动化 ·……
科创公司	YARDI、CoStar、Zillow、wework、airbnb、houzz、COMPASS、Opendoor、KATERRA、LIANJIA链家、易居、明源云、UCOMMUNE、ZIROOM自如、土巴兔、贝壳、新策科技、51VR		

图10 地产科技的发展趋势

2. 中美地产科技公司对比

中国地产科技初创公司借鉴美企商业模式，以本土化优势快速打入中国市场（图11）。

图11 中美地产科技公司对比

3. 建筑技术板块建筑管理领域 SaaS 软件独角兽——Procore

Procore 是 SaaS 软件领域优质的提供商，于 2021 年 5 月在美国上市，现市值超 110 亿美元。该软件通过统一平台连接人员、应用程序和设备，帮助建筑管理人员，在预算范围内管理风险和构建高质量项目。企业用户可以通过 Procore 简化项目管理流程、进行实时沟通和协同管理，提高管理效率和落实问责制。同时，实时交互的数据和可访问性能最大限度降低信息延迟和其他风险。四大核心产品线，满足项目管理多元化需求（图12）。

图 12　Procore 四大核心产品线

4. 虚拟现实板块 VR 看房鼻祖——Matterport

Matterport 为用户提供 3D 扫描解决方案，利用 SaaS 模式，使用户能够创建 3D 和虚拟现实模型，实现在线体验，更改和共享（图13）。

图 13　Matterport 软件示意图

（1）基于相机进行 3D 空间捕捉领域的领导者

Matterport 可与各种 3D 相机，360 相机和 iPhone 配合使用，通过移动设备扫描拍摄后，数据一键上传云端并处理，自动构建三维数字空间，帮助用户轻松创建任何现实世界的数字孪生场景，并可实现模型共享。

（2）建立世界上最大的空间数据库

作为一家空间数字化领域的老牌企业，Matterport 创建了世界上最大的空间数据库，并已在住宅、办公室、博物馆、学校、工厂、医院和零售商店等多个领域开展服务，至今为数百万栋建筑物打造超过了 10 亿平方米的数字空间，覆盖的国家/地区超 150 个。

（3）新冠肺炎疫情带动线上看房与业务量激增

新冠肺炎流行期间，大多数人选择线上看房，这促使了 Matterport 的使用量激增。据悉，Matterport 在 2020 年的用户群增加了 500% 以上，总收入为 8590 万美元，同比增长 87%。

5. 房产经济板块美国即时在线房屋交易平台领军者——Opendoor

Opendoor 是美国第一家即时在线房屋交易平台，以房屋交易为核心，提供融合贷款、房屋代理、产权保险等多元化一条龙服务（图 14）。Opendoor 依托强大的数据资源，采用机器学习等算法对房屋价值自动化评估，全线上房屋交易流程，开辟了基于直销直购的新型 C2B2C 模式，简化了房屋交易流程，并在一定程度上提高了整个房屋交易市场的流动性和透明度（图 15）。

智能定价　自助看房　电子公证　房屋托管　按揭贷款

图 14　Opendoor 业务范围

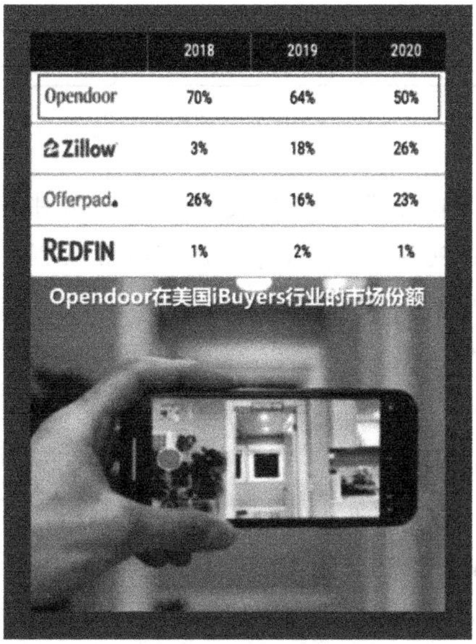

图 15　Opendoor 在美国 iBuyers（即时交易）行业市场份额

6.【家居设计】家装 3D 云设计平台——酷家乐

酷家乐以分布式并行计算和多媒体数据挖掘为技术核心，推出了 VR 智能室内设计平台。通过 ExaCloud 云渲染技术，云设计、BIM、VR、AR、AI 等技术的研发，实现 10s 生成效果图，5min 生成装修方案。用户可以通过电脑在线完成户型搜索、绘制、改造，通过拖拽模型进行室内设计，快速渲染预见装修效果。

（1）装修设计行业解决方案

打通"营销—设计—施工—运维"全链路，提供装修行业全生命周期一体化管理。

（2）全空间云设计软件平台

将 H5 技术引入 3D 云设计，极大程度降低了对硬件性能的要求，运行速度提快五倍，高效支持大场景的快速设计。

（3）一键导出施工图纸

方案完成后即可生成视图，2D 视图与 3D 模型对应查看，线上编辑，云端储存，方案细节修改一处，所有关联视图实时联动变化。

酷家乐在 11 年的研发过程中，始终坚定服务设计师用户群体，建立自有设计平台，并提出"B+D+C"的运营策略（图 16）。酷家乐 2021 年赴美招股书，估值 20 亿美元；2019 年营业收入 2.82 亿元，亏损 2.61 亿元；2020 年营业收入 3.53 亿元，亏损 2.97 亿元，其中，3.53 亿元营业收入中，国外市场份额达到了 1400 万元，占总营业收入的 4%，增长约 14 倍。

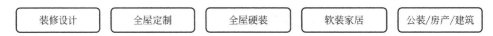

图 16 酷家乐覆盖的业务范围

- 营业收入的 92% 由企业用户贡献，8% 由个人用户贡献：24 万名个人付费用户，客单价 87 元；20806 家企业用户，客单价 1.7 万元。
- 企业用户中 24% 的头部客户，贡献了 80% 的收入：高级用户（5 个账号以上）5084 个，2019 年、2020 年、2021 年一季度，收入贡献分别为 2.186 亿元、2.705 亿元、7660 万元，贡献收入占比 82%、81%、79%，客单价约 5.6 万元（根据 2020 年数据估算）。大客户 267 个（客单价 20 万元以上），大客户贡献 5660 万元、8520 万元、2890 万元，贡献收入占比 21%、25%、30%，大客户平均客单价约 33 万元（根据 2020 年数据估算），1.3% 的大客户，贡献了 30% 的收入。
- 月活跃用户数量 150 万，占 10% 的市场份额：有 150 万月活跃用户；日均 210 万次渲染；日均 77 亿次应用程序编程接口（API）调用；覆盖中国 90% 以上的户型；占据 DDC（室内、装饰、建筑）软件 10.3% 的市场份额。

7. 主流软件积极推动云化转型，致力简化设计、协作及数据管理流程

（1）Autodesk（欧特克）

Autodesk是世界领先的设计软件和数字内容创建公司，从工程建设、产品设计与制造软件、到传媒和娱乐，全面提供软件产品及服务（图17）。

图17　Autodesk的业务覆盖范围

（2）SketchUp（草图大师）

SketchUp是由谷歌推出的直接面向设计方案创作过程的3D建模软件，用户可以快速方便地创建、观察和修改三维创意模型，广泛应用于建筑、规划、园林、景观、室内以及工业设计等领域（图18）。

图18　SketchUp正向轻量化迈进

8. 地产科技正当时（美国）

美国房地产市场各业务板块科技类公司如图19所示。

图19　美国房地产市场各业务板块科技类公司

9. 地产科技正当时（中国）

中国房地产市场各业务板块科技类公司如图 20 所示。

图 20　中国房地产市场各业务板块科技类公司

四、AI 赋能建筑设计

1. 建筑施工图设计环节复杂低效重产出，是产业效质提升的最佳切入点（图 21）

图 21　施工图设计环节是产业效质提升的最佳切入点

2. 效质双举是千亿建筑设计市场软件工具演变的必然趋势（图22）

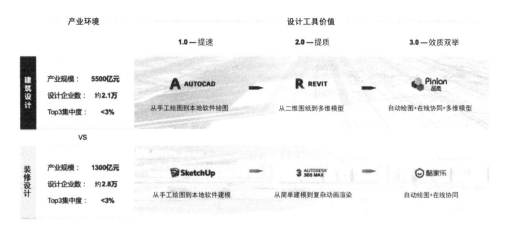

图22　效质双举是千亿建筑设计市场软件工具演变的必然趋势

3. 当前方案局限性明显，AI+SaaS成为行业当前最优解（图23）

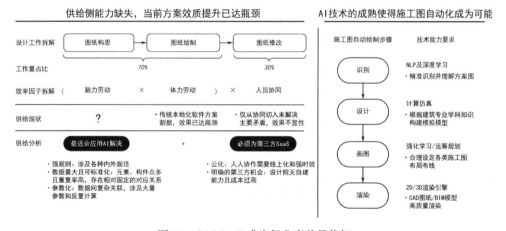

图23　AI+SaaS成为行业当前最优解

4. 品览智造

(1) 建筑智能自动设计云平台，颠覆传统，全方位创造巨大价值（图24）。

(2) 行业积累最深、最成熟的AI引擎和知识平台体系，全面实现自动出图（图25）。

筑绘通自动出图案例：品览与多家知名大型设计院合作出图。根据提供的真实项目建筑条件图，筑绘通平台为设计院提供板楼单体的机电专业AI出图服务。经实测，机电各专业施工图缩短出图时间至3min/张，准确率达95%以上。

品览AI智能出图解决方案：通过AI算法+CAD图纸解析能力+建筑设计

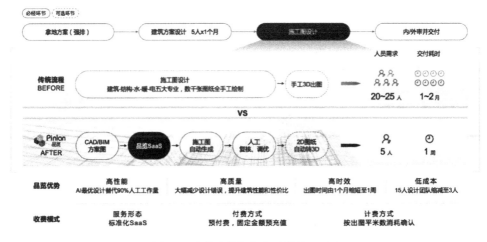

图 24　品览建筑智能自动设计云平台

图 25　品览智造的技术架构与优势

业务知识，现已支持电气、暖通、给排水三专业智能出图。

电气专业：从平面图到系统图，覆盖 90％出图类型，建筑条件图解析准确率 99％、电气施工图绘制准确率 95％，缩短至少 50％设计时间，实现电气专业人均产值翻倍。

暖通专业：构建暖通设计知识库，替代重复机械化劳动，智能判断设计方案，智能布置风管，智能解构底图，一键布置地暖管，自动计算暖通系统形式，摆脱第三方公式类软件（图 26）。

给排水专业：智能标准化设计，点位跨楼层精准映射，给排水系统设计，消防距离强条，给水自动分区等。

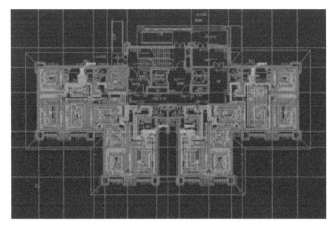

图 26 品览系统供暖平面图

（3）品览 AI 量图测算。品览与某国内 TOP 级大型国企地产合作。AI 量图测算技术主要针对地产设计管理中常遇的面积指标不稳定、成本算量不准确导致预算偏差的历史问题，通过 AI 算法＋CAD 图纸解析能力＋建筑设计业务知识，一键生成各算量指标，自动填充至造价计算软件，实现快速测量算量，压缩预算周期，提高预算精确度（图 27、图 28）。

图 27 品览 AI 量图测算优势

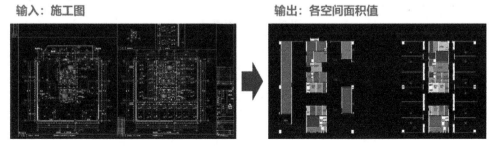

图 28 品览 AI 量图输入输出对比

（4）拥有顶级复合专家团队，兼具强大 AI 技术、产品和建筑设计产业基因。使命必达，铁血执行，品览牢牢把握先发优势，一跃成为行业领军者（图29）。

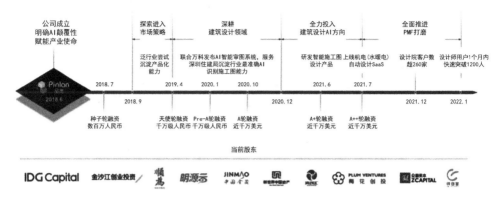

图 29　品览智造发展历程

5. 工程设计软件（图30）

智能建造和精细化营造核心：自动化＋设计平台＋协同管理的实现，以及底层的行业知识库建设。

图 30　工程设计软件

第六章

新价值
房地产投资基金与案例

公募 REITs 的机遇和挑战

王 刚

一、不动产投资信托基金（REITs）概述

REITs，英文全称 Real Estate Investment Trusts，中文叫作不动产投资信托基金。

REITs 是以发行收益凭证的方式汇集特定投资者的资金，由专门投资机构进行不动产投资经营管理，并将投资综合收益按比例分配给投资者的一种信托。REITs 在全球主要国家发展迅速，是为投资者积累财富的优质金融工具（图1）。

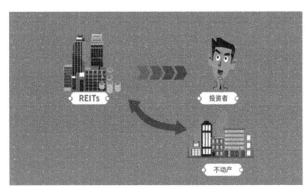

投资者购买REITs，享受运营不动产带来的分红收益

图1 投资者与 REITs 之间的关系

REITs 可以作为除现金、债券和股票之外的第四类资产。REITs 是一种介于股和债之间的优质大类资产。投资人能够获得分红收益与增值收益的叠加收益，随着中国公募 REITs 的法律框架与税收政策逐渐完善，REITs 底层资产透明度较高、分红收益稳定的特点促使其成为投资人丰富资产配置的重要选择。

作者简介：王刚，清华大学五道口金融学院金融 EMBA，北京睿信投资董事长，中国 REITs 联盟执行会长兼秘书长，中国保险资产管理业协会不动产投资专委会顾问，中国房地产业协会金融专业委员会副秘书长，全联房地产商会 REITs 专委会秘书长，清华校友总会房地产行业协会常务副秘书长，清华大学五道口金融学院（不动产金融研究中心）兼职高级研究员。

REITs具有五大特点：(1)投资资产的定向性。REITs只能投资于具有稳定现金收入的收租型物业，不能投资于其他产业，也不能投资于房地产的开发；(2)强制分红。按照法律规定，REITs必须将收益的至少90%在当年分配给投资人；(3)产品透明、信息披露充分。传统的股票投资、房地产投资对于投资者来说是复杂的、不透明的，需要进行特别多的基本面研究。REITs作为可公开交易的投资基金，基础资产的运作管理相对单一，信息披露更加充分；(4)税收优惠。国外成熟的REITs市场，鼓励长期持有型的REITs投资方式，会给予REITs"穿透性税收待遇"，从分红到REITs管理公司的经营都有相应的税收减免。中国REITs相关的税制优惠安排也在计划制定中；(5)价值增长。REITs不是始终限制在初期上市的资产规模上。REITs需要不断提升分红收益来满足投资者的盈利期望。一般来说，REITs可以通过改善现有物业或者购进新物业两种方式来进行增长。前者被称为内生增长，后者被称为外生增长。提高租金，物业提升和重新定位，资本循环属于内生的增长，收购物业属于外生增长。

2021年为中国公募REITs元年，中国成为全球第四十一个推出REITs的国家。

REITs的组织形式有两种：(1)公司型REITs。以《公司法》为依据，通过发行REITs股份所筹集起来的资金用于投资房地产资产，REITs具有独立的法人资格，自主进行基金的运作，面向不特定的广大投资者筹集基金份额，REITs股份的持有人最终成为公司的股东。(2)契约型REITs。以信托契约成立为依据，通过发行受益凭证筹集资金而投资于房地产资产。契约型REITs本身并非独立法人，仅仅属于一种资产，由基金管理公司发起设立，其中基金管理人作为受托人接受委托对房地产进行投资。

两者的区别如表1所示。

公司型REITs与契约型REITs间的区别 表1

区别	契约型REITs	公司型REITs
主要适用市场	中国、英国、新加坡	美国、日本
资金属性	信托财产	公司财产
资金使用	按照契约约定	按照公司章程约定
与投资人的关系	信托契约关系	股东与公司的关系
利益分配	分配信托收益	分配股利
利弊对比	由于设立的法律依据与运营的方式不同，因此契约型REITs更具灵活性	公司型REITs通常可以更好地解决投资者和管理者利益冲突的问题

从理论上看，由于内部管理模式的代理链条短于外部管理模式的代理链条，因此内部管理模式中存在的利益冲突相对较少，更能帮助投资人取得较高的投资回报。

部分国家不同类型REITs的管理模式如图2所示。

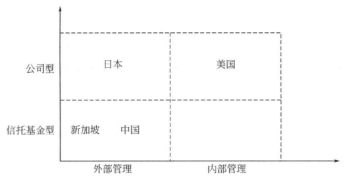

图2　部分国家不同类型REITs的管理模式
资料来源：中国REITs联盟

二、国际REITs市场介绍

2020年末国际REITs总规模逾2.2万亿美元，已有40余国家和地区相继推出相关制度。自1992年来，全球REITs规模增长66.9倍，复合年均增长率（CAGR）约为16%。其中，美国拥有全球最大的REITs市场，同期美国约有200只REITs上市，总市值近1.2万亿美元。自1971年以来，美国REITs规模的年复合增长率达26.1%。根据EPRA数据，2020年末美国REITs规模占全球总规模的62.6%（图3）。

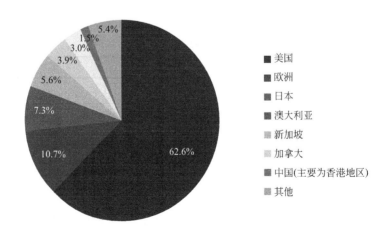

图3　2020年末全球REITs市值分布

亚洲市场方面，截至2020年末，日本上市REITs总市值约1400亿美元，占全球REITs总规模的7.3%，是亚洲最大的市场；新加坡上市的REITs总市值约700亿美元。

接下来分别以美国和新加坡为例，介绍国际REITs市场情况及典型案例。

1. 美国市场

美国所有发行的REITs大约有3万亿美元的资产规模，其中公开发行2万亿美元，上市规模超过1万亿美元；2020年美国REITs市场公开募集资金超过1000亿美元；截至2021年5月末，FTSE Nareit All REITs总市值约1.468万亿美元，FTSE Nareit权益型REITs总市值约1.382万亿美元；有221只REITs在"FTSE Nareit全REITs指数"中，其中有183只REITs在纽交所上市，有30只REITs包含在标普500指数中。2020年，"FTSE Nareit全REITs指数"分红收益率3.16%，是标普500分红1.34%的约2.4倍。美国REITs涉及12个板块，拥有超过52万个物业。

美国REITs回报率2021年至今跑赢标普500，近25年总回报优于美股大盘（表2）。

美国REITs与标普500回报率对比 表2

	全REITs指数	权益REITs指数	标普500指数	罗素2000指数	纳斯达克综合指数	道琼斯工业指数
2021年为止	17.95	18.08	12.62	15.30	6.98	13.76
1年	34.24	32.20	40.32	64.56	45.95	38.79
3年	11.97	12.48	18.00	13.06	23.88	14.82
5年	8.86	8.96	17.16	16.01	23.93	16.88
10年	9.57	9.64	14.38	11.86	18.43	13.37
15年	7.48	7.84	10.57	9.42	13.07	10.57
20年	10.28	10.65	8.35	9.34	9.82	8.54
25年	10.06	10.53	9.67	9.06	10.09	7.51
30年	10.39	10.92	10.47	10.36	11.64	8.45
35年	9.20	10.28	10.88	9.58	10.63	8.68
40年	10.26	11.50	11.84	10.34	10.85	9.27
1972—2021	9.71	11.72	10.99	—	8.68	7.68

资料来源：NAREIT

截至2022年1月底，根据Nareit数据，美国共有215只上市REITs，总市值1.605万亿美元，其中权益型REITs总市值1.522万亿美元。美国REITs拥有价值约3.5万亿美元的不动产，通过公募上市REITs、公募非上市REITs、私募权益型REITs和抵押型REITs等形式持有。美国上市REITs的日均交易量约111亿美元，权益型REITs的杠杆率平均为27.9%，上市REITs分红率为3.08%，作为对比，标普500的市场平均分红率仅为1.29%。REITs能够给投资人贡献稳定的分红。

根据Nareit数据，美国权益型REITs最近一年的回报率为30.18%，领先市场。从长期回报看，美国权益型REITs在20年，25年以及1972—2022年等3个期间段均取得了领先市场的回报率。由此可以看出，权益型REITs是适合长期投资和持有的金融产品，能够为投资者不断带来稳定的回报（表3）。

下面分析美国市场代表REITs——美国铁塔股价走势以及分红收益率。上市以来，美国铁塔的季度分红稳步提升，同时伴随着股价的快速上升；自2008年金融危机之后，公司股价呈现单边上涨格局；2020年初，受新冠肺炎疫情对宏观经济冲击的影响，公司股价出现一定程度的波动；2022年4月11日市值：1208亿美元。公司的年化分红收益率近年来一直保持在2%以上，2019年后由于股价的快速攀升，分红收益率在1.80%左右波动（图4）。

美国权益型REITs与主要市场指数回报率对比　　　　表3

	全REITs指数	权益REITs指数	标普500指数	罗素2000指数	纳斯达克综合指数	道琼斯工业指数
2022年为止	−7.71	−7.93	−5.17	−9.63	−8.96	−3.24
1年	29.30	30.18	23.29	−1.21	9.65	19.36
3年	11.78	12.48	20.71	11.99	26.14	14.47
5年	10.22	10.58	16.78	9.69	21.61	14.61
10年	10.44	10.61	15.43	11.33	18.90	13.44
15年	5.99	6.31	10.16	7.84	12.41	9.77
20年	10.30	10.74	9.31	8.86	10.50	9.15
25年	9.31	9.81	9.26	8.46	9.79	6.78
30年	10.35	10.86	10.52	9.42	11.01	8.29
35年	9.18	10.20	10.74	9.30	10.81	8.30
40年	10.45	11.80	12.23	10.48	11.42	9.68
1972—2022	9.77	11.77	11.01	—	9.00	7.61

美国典型商办REITs为Alexandria和Boston Properties，其特点如表4所示。

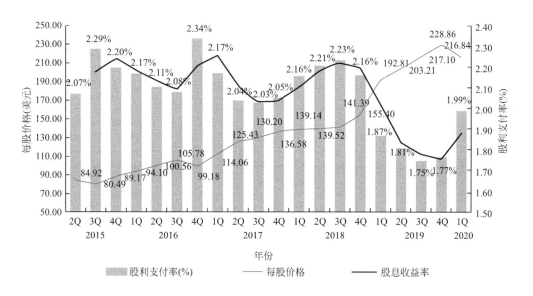

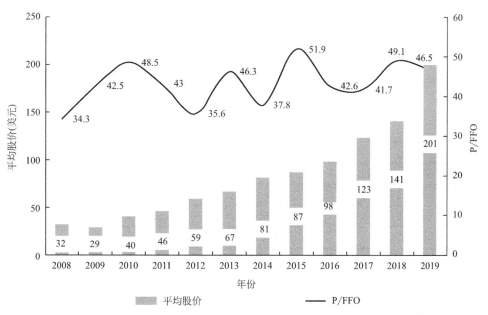

图 4　美国铁塔股价走势以及分红收益率

资料来源：Wind，中国 REITs 联盟

Alexandria 和 Boston Properties 对比　　　　　　　　　　　表 4

名称	Alexandria Real Estate Equities, Inc.	Boston Properties, Inc.
代码	ARE	BXP
上市时间	1994 年	1997 年
当前市值	313.8 亿美元	203.7 亿美元
主要资产类型	写字楼	写字楼
资产分布	合计 338 处,均位于波士顿、纽约、西雅图、旧金山等美国主要城市	合计 96 处,均位于波士顿、纽约等美国主要城市
管理面积	约 540 万 m²	约 476 万 m²
当前股价	196.18 美元	115.38 美元
2020 年分红	4.24 美元	3.96 美元
2020 年分红收益率	2.5%	4.1%

2. 新加坡市场

新加坡当前共 42 支 REITs,市值约 1100 亿新元,历史平均股息收益率约 5%～6%,当前平均股息收益率为 5.6%,平均市净率 1.04x,每日证券成交额约 3.4 亿新元。新交所上市的这 42 支 REITs 和 BT(Business Trust,即商业信托)总市值占新加坡股市总市值的 12%;平均负债率约 37.8%(新加坡央行规定 REITs 负债率上限为 50%);近 10 年平均年化总回报率为 9%(截至 2021 年 5 月);市值年复合增长率为 11%。

新加坡典型商办 REITs 为凯德商务产业信托和星狮商产信托,其特点如表 5 所示。

凯德商务产业信托和星狮商产信托对比　　　　　　　　　　　表 5

名称	凯德商务产业信托	星狮商产信托
代码	CICT	FLCT
上市时间	2002 年	2015 年
当前市值	135.3 亿新元	55.8 亿新元
主要资产类型	写字楼,购物中心	写字楼,物流园
资产分布	24 处,均位于新加坡	97 处,位于新加坡、澳大利亚、德国、英国
管理面积	约 100 万 m²	约 255.8 万 m²
当前股价	2.1 新元	1.52 新元
2020 年分红	0.1 新元	0.071 新元
2020 年分红收益率	3.45%	4.72%

三、中国 REITs 发展进程

1. 较早诞生的香港 REITs 市场

在 SARS 过后香港经济疲软的背景下，为丰富投资品种、巩固国际金融中心的地位，2003 年 7 月香港出台《房地产投资信托基金守则》，奠定了香港 REITs 的法律基础；2008 年后随着金融危机的逐渐缓和，香港 REITs 发展迅速，香港租金水平始终保持高位，即使在房价大幅上涨的背景下，REITs 也获得了较高的租金收益率。截至 2021 年 7 月 12 日，香港共上市 12 只 REITs，总市值 2574.3 亿港元（表 6）。

香港上市 REITs 的资本市场表现 表 6

序号	名称	股票代码	上市时间（年/月/日）	市盈率	分派率（％）	总市值（亿港元）
1	领展房产基金	00823	2005/11/25	133.69	3.87	1561.3
2	泓富产业信托	00808	2005/12/16	—	5.95	46.0
3	越秀房托	00405	2005/12/21	19.13	5.75	132.1
4	冠君产业信托	02778	2006/5/24	—	5.68	261.1
5	阳光房托	00435	2006/12/21	—	5.38	81.0
6	富豪产业信托	01881	2007/3/30	—	8.10	54.7
7	置富产业信托	00778	2010/4/20	—	5.61	165.1
8	汇贤产业信托	87001	2011/4/29	—	5.06	124.6
9	开元产业投资信托基金	01275	2013/7/10	—	—	19.8
10	春泉产业信托	01426	2013/12/05	—	6.83	42.9
11	招商局商业信托	01503	2019/12/10	9.23	8.52	21.2
12	顺丰房托基金	02191	2021/5/17	82.69	—	34.4

香港 REITs 代表为领展 REITs（HK：00823）。香港特区政府希望能效仿新加坡放开房托市场和反哺廉租房建设，把旗下的廉租房（公屋）配套的一些商业商场等大量资产（包含零售资产和停车场）打包出售，领展 REITs 应运而生；自 2005 年 11 月上市以来，领展 REITs 股价由公开发售的 9.78 港元增长至最高 99.8 港元，2022 年 4 月 11 日股价为 68.1 港元，目前总市值 1437 亿港币。

2. 中国 REITs 的发展进程

中国（主要为香港地区 REITs 市场）上市 REITs 总市值也超过了 300 亿美元。高盛预计中国 REITs 市场将在 0.2 万亿～1.1 万亿美元之间（图 5）。

中国 REITs 发展至今经历的标志性事件包括：

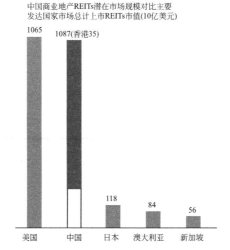

图5 中国REITs市场潜在规模

数据来源：高盛集团

2005年，越秀投资成功在香港发行越秀REITs，系中国第一支离岸REITs；

2007年，人民银行、证监会和银保监会的REITs专题研究小组；

2008年，国务院发布《关于当前金融促进经济发展的若干意见》，明确提出"开展房地产信托投资基金试点，拓宽房地产企业融资渠道"；

2009年，央行联合银监会、证监会等11部委成立"REITs试点管理协调小组"，在北京、上海、天津开展试点工作；

2014年，央行和银监会发布《关于进一步做好住房金融服务工作的通知》，首只类REITs"中信启航"成功发行；

2015年6月，鹏华前海万科REITs登陆深交所，系中国内地首款公募REITs产品（其商业物业股权资产配置不超过50%）；

2016年10月，《国务院关于积极稳妥优化企业杠杆率意见》推动有序开展企业资产证券化；

2016年12月，发改委、证监会联合发布《关于推进传统基础设施领域政府和社会资本合作（PPP）项目资产证券化相关工作的通知》；

2019年1月，中国证监会、国家发改委联合发布《关于推进基础设施领域不动产投资信托基金（REITs）试点相关工作的通知》，标志着公募REITs正式落地；

2019年9—12月，首单基建类REITs广朔实业光证资产支持票据发行。随后"沪杭甬徽杭高速资产支持专项计划""四川高速隆纳高速公路资产支持专项计划"两单类REITs成功发行；

2020年4月，《关于做好基础设施领域不动产投资信托基金（REITs）试点项目申报工作的通知》发布（"586号文"）；

2021年6月，首批9只基础设施公募REITs试点项目上市；

2021年7月，《关于进一步做好基础设施领域不动产投资信托基金（REITs）试点工作的通知》（"958号文"）。

截至2020年12月底，已有285单类REITs及CMBS（统计数据不包含CMBN）产品在上海/深圳证券交易所挂牌，累计发行规模6145亿元；其中类REITs产品已成功发行109单，合计规模2023亿元；CMBS产品已成功发行176单，合计规模4122亿元。

REITs规模同比增长94%，CMBS规模同比增长22%；2019年以物流地产、人才安居公寓为主的REITs开始快速发行，储架的发行模式以及可扩募机制展现了REITs的特色优势，也说明REITs产品正在得到市场各方的不断重视、发行机制也在不断探索与完善之中。

国内类REITs交易结构方案如图6所示。

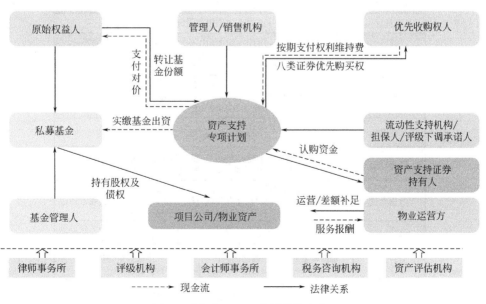

图6　国内类REITs交易结构方案

类 REITs 案例：中信启航专项资产管理计划，如图 7 所示。

REITs：交易结构图
□本产品组合不同风险偏好投资者的资金。
□通过嫁接非公募基金共同投资优质不动产资产。

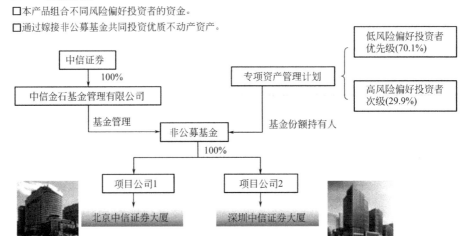

图 7 中信启航专项资产管理计划

国内首单公募 REITs 初试水——鹏华前海万科 REITs 解析，如图 8 所示。

2015年6月8日获得证监会批准；6月26日正式获批并完成注册	
产品名称	鹏华前海万科REITs封闭式混合型发起式证券投资基金
发行场所	深圳证券交易所
基金管理人	鹏华基金管理有限公司
基金托管人	上海浦东发展银行股份有限公司
基金初始规模	30亿元(前海金控认购3亿元，2年内不得转让；鹏华认购1000万元，3年内不得转让)
产品期限	封闭期：10年；之后转为上市开放式基金(LOF)
业绩比较基准	10年期国债收益率+1.5%(以2020年6月2日为例，基准为2.784%+1.5%=4.284%)
费率	基金管理费：0.65%；基金托管费：0.1%；投资顾问费率(年)：0.20%
投资对象	该REITs主要以位于前海合作区内的万科企业公馆租金收益权，期限10年。基金购买项目公司50%的股权
退出方式	本基金应分别在2015年12月31日前、2018年12月31日前、2021年12月31日前和2023年10月31日前向深圳万科或深圳万科指定的关联方转让14%、18%、17.5%和0.5%的目标公司股权
基础资产	前海投控与万科企业签订的BOT协议中约定的前海企业公馆项目自2013年9月8日至2023年7月24日期间的收益权
交易制度	涨跌幅限制：涨跌幅比例为10%；最小买入申报数量为100份；申报价格最小变动单位为0.001元人民币

图 8 鹏华前海万科 REITs 基本信息

鹏华前海万科 REITs 底层资产信息如图 9 所示。

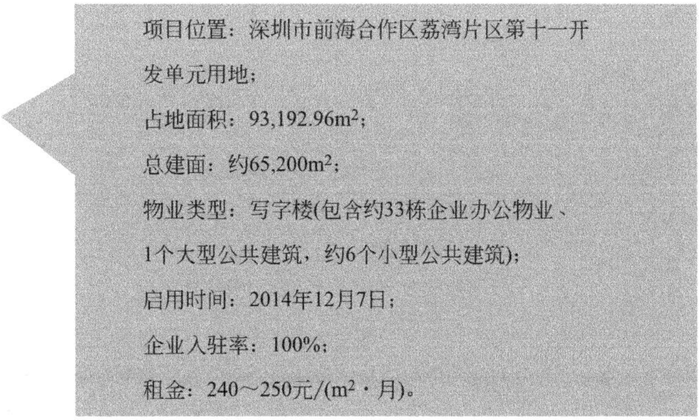

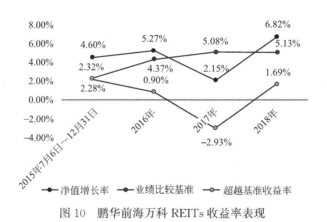

图 9　鹏华前海万科 REITs 底层资产信息

鹏华前海万科 REITs 收益率表现情况如图 10 所示。

图 10　鹏华前海万科 REITs 收益率表现

不同市场 REITs 要素比较情况如图 11 所示。

四、中国基础设施 REITs 政策解读

基础设施公募 REITs 试点的相关政策法规制度不断出台和完善，按照时间顺序依次如图 12 所示。

2020 年 4 月 30 日，中国证监会与国家发展改革委联合发布了《关于推进基础设施领域不动产投资信托基金（REITs）试点相关工作的通知》，标志着境内基础设施领域公募 REITs 试点工作正式起步。对于 2009 年就开始推进试点工作的中国 REITs 行业来说，公募 REITs 的到来可谓是十年磨一剑的重大金融壮举。2020 年成为中国公募 REITs 的政策元年。基础设施 REITs 将通过"公募基金＋

类型	投资人范围	期限	流通性	收益分配	分层	收益来源	再融资	负债规定	税收优惠
成熟市场权益型REITs(真REITs)	范围广(100人以上)	长(无限期)	高(上市流通)	比例高(税后收入净额90%以上)	平层	资产经营收益	可再融资发行新股	普遍在45%~50%之间(不同国家负债比例不同)	有明确的税收优惠措施
中国基础设施公募REITs	范围广(要求1000人以上认购)	中长	高(上市流通)	比例高(可分配利润90%以上)	平层	资产经营收益	可再扩募	资产负债率不高于28.75%(负债不超过净资产规模的40%)	重组期间税收已明确,持有期间税收还不明确
类REITs(中国)	范围小(200人以下)	短(3年左右)	固定分配为主	固定分配为主	结构化分层	资产经营收益+原始权益人的补足	部分产品具备扩募机制	不可借债(结构化分层)	税收还不明确

图 11 不同市场 REITs 要素比较情况

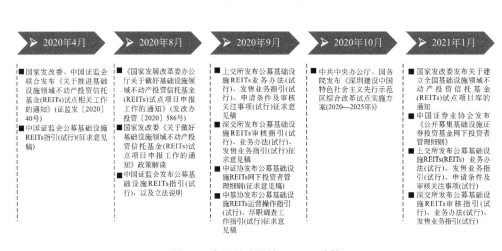

图 12 中国基础设施 REITs 政策

ABS"的方式实现,即公募基金产品购买基础设施资产支持证券,基金可在交易所上市交易。

公募基础设施 REITs 的意义包括以下几点:

1. 存量利用,有助于基础设施市场化运行,提高运营管理效率;

2. 债务化解,有助于降低政府和企业债务风险;

3. 实体经济,有助于实现基础设施的高质量发展,并为 5G、云计算、大数据中心等新型基础设施建设提供融资支持;

4. 资本市场,有效填补中国资产管理市场的产品空白,为各类投资者参与基础设施及不动产市场投资提供便利的渠道。

第六章 新价值 房地产投资基金与案例

公募基础设施 REITs 标准结构示意图如图 13 所示，REITs 不同发售方式的区别如图 14 所示。

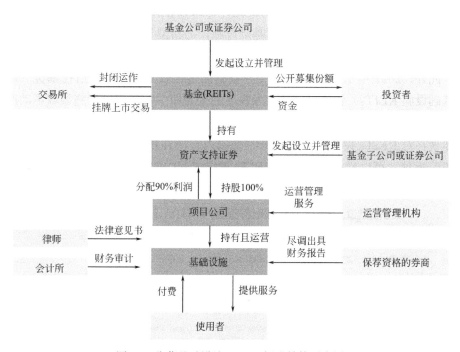

图 13 公募基础设施 REITs 标准结构示意图

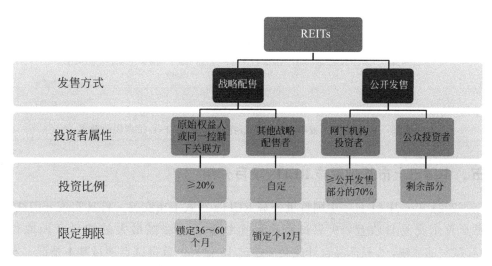

图 14 REITs 不同发售方式的区别

资料来源：发改委、证监会

公募REITs投资者以机构投资者为主。公募REITs试点项目顺利上市后，国家发改委发布最新政策——"958号文"，其中明确的试点资产类型包括9大类：①交通基础设施；②能源基础设施；③市政基础设施；④生态环保基础设施；⑤仓储物流基础设施；⑥园区基础设施；⑦新型基础设施；⑧保障性租赁住房；⑨自然文化遗产，5A级景区。

此外，2022年1月26日，为支持基础设施领域不动产投资信托基金（以下称基础设施REITs）试点，财政部及税务总局发布《关于基础设施领域不动产投资信托基金（REITs）试点税收政策的公告》。被称作"REITs税收3号文"，重点体现在对REITs设立阶段的支持，是国内首次在税收政策方面明确发文支持REITs发展，可以说是中国公募REITs发展过程中的"里程碑"（图15）。

图15 基础设施领域不动产投资信托基金（REITs）试点税收政策

五、中国已上市基础设施REITs项目介绍

2021年6月21日，中国首批公募REITs正式上市交易，首日实现开门红。截至首个交易日收盘，9只试点产品全线飘红，涨幅最大的蛇口产园取得14.72%的涨幅，9只产品合计成交额超过18亿元。首批试点项目基本情况、发行价格和分派率如表7所示。

首批试点的战略配售情况如图16所示，其中原始权益人或其同一控制下的关联方占比达46%，险资占比也达到了17%。

第六章 新价值 房地产投资基金与案例

表7 首批公募REITs试点项目基本情况

交易所	上交所项目						深交所项目			
	1	2	3	4	5	6	1	2	3	4
REITs名称	华安张江光大园基础设施证券投资基金	中金普洛斯仓储物流基础设施证券投资基金	东吴-苏州工业园区产业园基础设施证券投资基金	富国首创水务基础设施证券投资基金	国金铁建重庆渝遂高速公路基础设施证券投资基金	浙商证券沪杭甬高速基础设施证券投资基金	平安广州交投广河高速公路基础设施证券投资基金	红土创新盐田港仓储物流基础设施证券投资基金	博时招商蛇口产业园基础设施证券投资基金	中航首钢生物质基础设施证券投资基金
基础设施类型	产业园	仓储物流	产业园	水务	高速公路	高速公路	高速公路	仓储物流	产业园	生物质发电
项目权属	不动产产权	不动产产权	不动产产权	特许经营权	特许经营权	特许经营权	特许经营权	不动产产权	不动产产权	特许经营权
原始权益人	上海光全投资中心(有限合伙)、光控安石(北京)投资管理有限公司	普洛斯中国控股有限公司	苏州工业园区科技发展有限公司,苏州工业园区建屋产业园开发有限公司,苏州工业园区兆润投资控股集团有限公司	北京首创股份有限公司	中铁建重庆投资集团有限公司,重庆高速公路股份有限公司	浙江沪杭甬高速公路股份有限公司,杭州市交通投资集团有限公司,杭州市临安交通投资集团有限公司,杭州余杭交通集团有限公司	广州交通投资集团有限公司	深圳市盐田港集团有限公司	招商局蛇口工业区控股股份有限公司	首钢环境产业有限公司
基金管理人	华安基金管理有限公司	中金基金管理有限公司	东吴基金管理有限公司	富国基金管理有限公司	国金基金管理有限公司	浙江浙商证券资管理有限公司	平安基金管理有限公司	红土创新基金管理有限公司	博时基金管理有限公司	中航基金管理有限公司

续表

交易所	上交所项目						深交所项目			
	1	2	3	4	5	6	1	2	3	4
ABS管理人	上海国泰君安证券资产管理有限公司	中国国际金融股份有限公司	东吴证券股份有限公司	富国资产管理（上海）有限公司	国金证券股份有限公司	浙江浙商证券资管有限公司	平安证券股份有限公司	深创投红土资产管理（深圳）有限公司	博时资本管理有限公司	中航证券有限公司
托管人	招商银行股份有限公司	兴业银行股份有限公司	招商银行股份有限公司	招商银行股份有限公司	招商银行股份有限公司	招商银行股份有限公司	中国工商银行股份有限公司	招商银行股份有限公司	招商银行股份有限公司	招商银行股份有限公司
交易所	上交所项目						深交所项目			
REITs基金代码	508000	508001	508006	508027	508056		180101	180201	180301	180801
场内简称	张江REIT	浙江杭徽	首创水务	东吴苏园	普洛斯		蛇口产园	广州广河	盐港REIT	首钢绿能
项目类型	产业园	收费公路	污水处理	产业园	仓储物流		产业园	收费公路	港口仓储物流	垃圾处理及生物质发电
期限（年）	20	20	26	40	50		50	99	36	21
项目所在区域	上海市	浙江省	广东省、安徽省	江苏省	北京市、广东省、江苏省		广东省	广东省	广东省	北京市
项目净资产估值（亿元）	14.7	41.35	17.46	33.5	53.46		22.28	86.74	17.05	12
2021年预计分配金额（万元）	6974.05	51069.12	16042.42	10042.77	25010.20		9134.57	53842.11	3814.04	11406.11
2022年预计分配金额（万元）	6042.28	43219.12	16798.16	15214.77	25160.68		9267.20	62628.76	8103.66	10206.74

第六章 新价值 房地产投资基金与案例

续表

交易所	上交所项目					深交所项目			
批准募集份数（亿份）	5	5	5	9	15	9	7	8	1
发行价格（元）	2.99	8.72	3.7	3.88	3.89	2.31	13.02	2.3	13.38
发行规模（亿元）	14.95	43.6	18.5	34.92	58.35	20.79	91.14	18.4	13.38
发行规模较资产估值溢价率（%）	1.70	5.44	5.96	4.24	9.15	-6.69	5.07	7.92	11.50
发行价对应2021年分派率（%）	4.66	11.71	8.67	2.88	4.29	4.39	5.91	2.07	8.52
发行价对应2022年分派率（%）	4.04	9.91	9.08	4.36	4.31	4.46	6.87	4.40	7.63

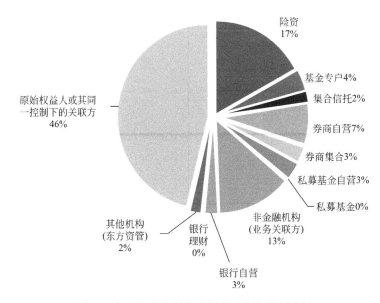

图16 各类资金来源占全部战略配售份额比例

以下为典型项目分析。

1. 普洛斯REIT（508056）

（1）项目结构（图17）

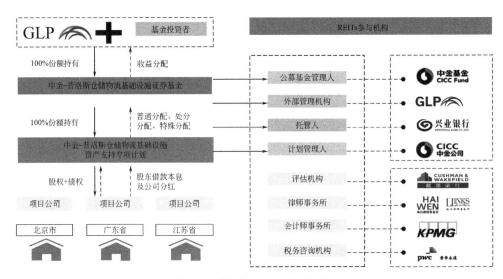

图17 普洛斯REIT项目结构

（2）资产概览（图18）

目标基础设施资产概览　　　　表 8

区域	项目个数	总建筑面积（m²）	资产估值（亿元）	2020年度仓储租赁收入（亿元）	2020年度调整后运营净收益（亿元）
北京区域	2	176137	21.26	1.27	1.03
长三角区域	2	270549	15.43	0.81	0.59
大湾区	3	258302	16.77	1.03	0.82
合计	7	704988	53.46	3.11	2.45

注：1. 调整后运营净收益＝仓储租赁收入－应缴税收－物业管理费；
　　2. 估值基准日为 2020 年 12 月 31 日。

2. 首批 REITs 产品概况——产业园（部分）

（1）张江光大园 REITs

发行规模 14.95 亿元。物业估值合计 14.70 亿元，计 2.89 万/m²。以 2021 年预计收入计算，现金分派率 4.71%，资本化率 4.73%。基础设施项目张江光大园地处中国（上海）自由贸易试验区，盛夏路 500 弄，位于国家级高科技产业园区——张江高科技园区核心地带。

张江光大园凭借良好的区域条件、产业配套及交通便利等优势，吸引了包括集成电路、先进制造业、在线经济、金融科技及产业服务配套等符合国家重大战略、宏观调控及产业政策、发展规划的行业内优质企业入驻，出租率稳定。

（2）苏州工业园 REITs

发行规模 34.92 亿元。物业估值合计 33.50 亿元，计 0.60 万/m²。以 2021 年预计收入计算，2021 年，合计派息率 4.5%，合计资本化率 4.68%。其中：国际科技园五期 B 区项目资本化率 4.88%，2.5 产业园一期、二期项目资本化率 4.43%。基础设施项目为国际科技园五期 B 区和 2.5 产业园一期、二期项目，均位于苏州工业园区。

苏州工业园区地处长江三角洲中心腹地，位于中国沿海经济开放区与长江经济发展带的交汇处，形成了以"电子信息、机械制造"为 2 大主导产业，"生物医药、人工智能、纳米技术应用"为 3 大战略新兴产业的"2+3"特色产业体系，并将产业作为经济发展与区域建设的内生部分与特色优势。

3. 首批 REITs 产品概况——高速公路

（1）沪杭甬高速 REITs

发行规模 43.6 亿元，底层资产为杭徽高速公路（浙江段），是国家高速公路网 G56 杭瑞高速的重要组成部分，也是浙江省公路网规划"两纵两横十八连三绕三通道"的一连，全长 122.24km，车流量与收费较稳定。产品预计 2021 年及 2022 年的现金分派率分别为 11.71% 和 9.91%，全周期 IRR 不低于 6%（表 9）。

目标基础设施资产概览 表 9

浙商证券沪杭甬高速公路 REITS			
原始权益人	浙江沪杭甬高速公路股份有限公司	建设规格	双向四车道
高速公路性质	经营性高速公路	资产估值	45.63 亿元
底层资产	杭徽高速公路浙江段收费公路权益	账面原值	50.01 亿元
收入来源	通行费收入等高速公路运营收入	增值率	−8.75%

(2) 广河高速 REITs

发行规模 91.14 亿元,底层资产为广河高速(广州段),是广东省境内连接广州市、惠州市与河源市的广州至河源高速公路的广州段公路动脉,地理位置十分重要,车流量与收费较稳定。广河高速(广州段)全长 70.754km,投资批准概算 69.81 亿元,于 2011 年 12 月 30 日开通。2021 年及 2022 年的现金分派率分别 5.91% 和 6.87%(表 10)。

平安广州交投广河高速公路 REITs 表 10

原始权益人	广州交通投资集团有限公司	特许经营剩余年限	15.96 年
高速公路性质	经营性高速公路	建设规格	双向六车道
底层资产	广河高速广州段的收费公路权益	资产估值	96.74 亿元
收入来源	通行费收入等高速公路运营收入	账面原值	54.33 亿元
特许经营年限	2011 年 12 月 17 日—2036 年 12 月 16 日	增值率	78.05%

4. 首批 REITs 产品概况——固废处理

首钢绿能 REITs 发行规模 13.38 亿元。物业估值合计 12 亿元,以预计收入计算,2021 年和 2022 年现金分派率分别为 8.52% 和 7.63%。标的项目位于北京市门头沟区鲁家山鲁矿南区,包括鲁家山垃圾焚烧发电厂、餐厨垃圾项目及残渣暂存场。最近三年,标的项目营业收入稳定上升,利润显著提升。经营活动现金流量净额维持流入状态,公司经营状态良好(表 11)。

目标基础设施资产概览 表 11

项目	2018 年	2019 年	2020 年
营业收入(万元)	39,233	43,117	35,978
净利润(万元)	6,641	8,562	5,374
毛利率(%)	30.72	31.82	26.18
净利率(%)	16.93	19.86	14.94
经营活动现金流量净额(万元)	6,510	11,094	13,337

2020年度，首钢生物质营业收入下降的主要原因是受新冠肺炎疫情影响，导致垃圾处理量下降，垃圾处理服务费和电费销售收入有所下降；同时，2020年度餐厨垃圾项目采用出租方式经营，取得租金收入低于上年确认的餐厨垃圾收运及处置相关收入，导致餐厨业务收入下降。

5. 第二批试点REITs项目概况

2021年10月13、14日，上交所和深交所更新了第二批试点REITs项目申报信息，标志着第二批REITs上市的正式启动。2021年12月14日，华夏越秀高速公路基础设施基金（简称"越秀高速公路REIT"）正式在深交所挂牌上市。2021年12月17日，建信中关村产业园基础设施基金（简称"中关村REIT"）正式在上交所挂牌上市。

中关村产业园REITs项目（表12）：2021年12月17日，建信中关村产业园基础设施基金（简称"中关村REIT"，基金代码：508099）正式在上交所挂牌上市。基金发行价格3.2元/份，总募集规模28.80亿元，按照募集规模测算，2021年和2022年的现金分派率预计为4.267%和4.338%。中关村REIT受到投资者的踊跃支持，上市当天即实现30%涨停，成为中国基础设施公募REITs第一只实现上市当天涨停的产品。

中关村产业园REITs项目概览　　　　　　　表12

基金简称	建信中关村产业园REITs	基金代码	508099
基金管理人	建信基金管理有限责任公司	基金托管人	交通银行股份有限公司
原始权益人	北京中关村软件园发展有限责任公司	外部管理机构	北京中关村软件园发展有限责任公司
募集份额	9亿份	发行价格	3.200元/份
募集金额	28.80亿元	战略配售比例	70.09%，其中中关村发展集团股份有限公司配售比例为33.34%
基金类型	基础设施基金	底层资产类型	不动产产权类

越秀高速公路REITs项目：2021年12月14日，华夏越秀高速公路基础设施基金（简称"越秀高速公路REITs"，基金代码：180202）正式在深交所挂牌上市。基金发行价格7.1元/份，总募集规模21.30亿元，按照募集规模测算，2021年和2022年的现金分派率预计为7.233%和7.287%。作为第二批首只上市的公募REITs，华夏越秀REIT的网下和网上认购倍数均接近50倍，受到了投资人的热烈追捧（表13）。

越秀高速公路 REITs 项目概览　　　　　　　　　　表 13

基金简称	华夏越秀高速公路 REITs	基金代码	180202
基金管理人	华夏基金管理有限公司	基金托管人	中信银行股份有限公司
原始权益人	越秀(中国)交通基建投资有限公司	外部管理机构	广州越通公路运营管理有限公司
募集份额	3 亿份	发行价格	7.100 元/份
募集金额	21.3 亿元	战略配售比例	70%,其中越秀交通基建投资公司配售比例为 30%
基金类型	基础设施基金	底层资产类型	特许经营权类

6. 第三批试点 REITs 项目概况

2022 年 2 月 15 日,深交所受理深圳能源东部燃气电厂 REITs 申请,标志着第三批 REITs 上市的正式启动。2022 年 4 月 7 日,华夏中国交建高速公路 REITs 面向公众投资者发售,全市场募集 844 亿元,公众配售比例或低于 0.84%。

7. 中国公募 REITs 市场发展情况简介(截至 2022 年 2 月)

2021 年 6 月 21 日,首批九只中国基础设施公募 REITs 正式上市交易,12 月,建信中关村 REITs 和华夏越秀高速 REITs 上市交易,市场已经正式发行的公募 REITs 达到了 11 只,总市值 486.6 亿元。此外,渝遂高速 REITs、中交路建 REITs、深圳东部电厂 REITs 等项目已正式申报,预计很快将能够正式发行。2022 年 2 月,财政部、税务总局发布了《关于基础设施领域不动产投资信托基金(REITs)试点税收政策的公告》,明确了 REITs 重组和战略配售份额等方面的税收优惠政策,公募 REITs 有望迎来快速发展期。

第七章

新需求
创造美好生活与工作环境

中国健康建筑发展研究

黄俊鹏

一、研究背景

1. 大气污染与防霾住宅

起始于 2013 年 12 月 2 日至 12 月 14 日的重度雾霾事件,是我国 52 年来入冬后最大范围的雾霾污染,几乎涉及我国中东部所有地区。天津、河北、山东、江苏、安徽、河南、浙江、上海等多地空气质量指数达到六级严重污染级别,使得京津冀与长三角雾霾连成片。首要污染物 $PM_{2.5}$ 浓度日平均值超过 $150\mu g/m^3$,部分地区达到 $300\sim500\mu g/m^3$。此次重霾污染最为严重的区域位于江苏中南部,南京市空气质量连续 5d 严重污染、持续 9d 重度污染,12 月 3 日 11 时的 $PM_{2.5}$ 瞬时浓度达到 $943\mu g/m^3$。

这次雾霾事件催生了房地产市场中"防霾房"产品的出现,房地产企业宣称这类住宅产品能够有效地过滤 $PM_{2.5}$。这是公共环境卫生事件第一次对房地产产品研发和市场营销产生影响。

2. "健康中国战略"是国家发展基本方略

2016 年,中共中央、国务院发布了《"健康中国 2030"规划纲要》,提出了五个方面的内容:(1)普及健康生活;(2)优化健康服务;(3)完善健康保障;(4)建设健康环境;(5)发展健康产业。2019 年 7 月《健康中国行动(2019—2030 年)》正式印发,该行动计划指出了创建"健康中国"的三类行动方案:第一类,全方位干预健康影响因素的六项行动;第二类,维护全生命周期健康的四项行动;第三类,防控重大疾病的五项行动。其中全方位干预健康影响因素的六项行动指的是健康知识普及行动、合理膳食行动、全民健身行动、控烟行动、心理健康促进行动、健康环境促进行动。

3. 不健康的建筑如何"帮助"病毒传播

众所周知,新冠病毒是一种通过空气就能传播的病毒,传染性非常强。如果下水道的设计存在缺陷,或者一些写字楼、酒店建筑的空调系统设计与运行不合

作者简介:黄俊鹏,博士,中国建筑节能协会低碳健康地产专业委员会秘书长,友绿智库创始人,2020 年全国暖通空调杰出青年,2019 年十大绿色建筑杰出人物。

理，就存在着传播病毒的可能。在日常生活中，我们经常接触到电梯扶手和按钮，也容易传染病毒。现在针对地漏和电梯按钮等高频接触表面以及通风系统可能造成的交叉感染，已经有相关的解决方案，能够避免这种情况的发生。

4. 经历新冠肺炎疫情，消费者对住宅建筑提出了新的需求

（1）对住宅新风系统的需求增加。

（2）对玄关、卫生间的重视度增加。

（3）开放式厨房或变身多功能空间，客餐厨一体化。

（4）空间设计理念或增加分区理念：公共/独处分区，动静分区，净脏分区。

（5）零接触智慧社区。

（6）配置健身设施和社交空间的健康社区。

5. 气候变化危害人类健康

2010—2019年，全球天气气候灾害比20世纪80年代增加了66%。《柳叶刀》《英国医学杂志》《科学》三大顶级医学期刊接连刊登的重磅文章指出，如果平均气温比工业化前（1850—1900年）高4℃，在这种环境下出生的婴儿一生都将受其影响，人群健康水平或因此倒退50年。全球0.91%的死亡源于高温，2019年，中国约有2.68万人的死亡与热浪有关，高温使老人死亡风险上升10%，加速了病原微生物的繁殖和变异，改变其时空分布特征，例如蚊子传播登革热的能力提高了37%。全球8.52%的死因源于寒冷，我国10.36%的死因源于寒冷，增加人们呼吸系统疾病、心脑血管疾病的发病风险，导致人群总死亡率增加3%。

6. 公众健康很大程度上取决于环境是否健康

在公共卫生方面，公众健康主要取决于环境是否健康。这是现代西方医学的奠基人希波克拉底的观点。医学类权威期刊《柳叶刀》杂志在2021年推出的旗舰报告《气候变化与健康2030倒计时》中指出：气候变化本身也会危及我们人类的健康，比如过敏性疾病的增加，精神心理疾病的增加，也会导致高温和低温的死亡病例的增加等。上述这些观点都指出人的健康与建成环境（Built Environment）密切相关。

7. 健康危机激发健康建筑需求

自2015年以来，以健康为导向的物业（包括住宅，混合用途和商业）的数量每年增长6.4%。预计到2022年将达到1970亿美元。美国市场份额为525亿美元，其次是中国、澳大利亚和英国。

综上所述，来自新型传染病和气候变化的威胁，都提高了人们对健康建筑的需求。

二、概念与标准

1. 健康建筑概念

所谓健康建筑就是促进人们身心健康,实现健康性能提升的建筑。具体来说,不同的国家和组织提出了不同的标准。2000 年,荷兰健康建筑国际年会提出的标准是体现在住宅室内和住区的居住环境上,不仅包括物理测量值,如温度、通风换气效率、噪声、照度、空气品质等,还包括主观性心理因素,如平面和空间布局、环境色调、隐私保护、视野景观和材料选择等。另外,加上工作满意度、人际关系等。

我国《健康建筑评价标准》T/ASC 02—2016 提出:在满足建筑功能的基础上,为人们提供更加健康的环境、设施和服务,促进人们身心健康、实现健康性能提升的建筑。欧洲的标准则更为通俗易懂,包含采光、住房大小、邻里关系和装修等(图 1)。

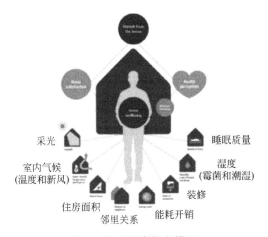

图 1 欧洲健康住宅模型

2. 健康建筑如何影响我们的生活方式

一方面,健康建筑有助于让我们养成健康的生活习惯,早晨 6 点自动的窗帘打开后通过阳光来叫醒我们,上班的过程中,可以用主动的交通方式,比如滑板和自行车;另一方面,建筑设计里面会有很多刻意的设计,让大家避免去乘电梯,促进多走楼梯。楼梯通常设置的较为漂亮,要有艺术气息,有阳光,甚至还能够让人坐在那个地方去阅读。通过这种主动设计,去引导人行为的改变。在工作空间,可以布置升降的办公桌和适当的健身设施。到了晚上,我们可以采用符合生理节律的照明设备,促进睡眠。

3. 健康建筑有助于延长居民健康寿命

健康建筑有助于延长居民健康寿命，具体体现在防止病毒传播，减轻疾病负担和延长居民健康寿命。

(1) 防止病毒传播主要体现在健康社区是防范病毒传播的第一道防线，可以有效阻断病毒传播路径，防患于未然，有助于居民养成健康的生活方式，增强免疫力。

(2) 健康建筑可以减轻疾病负担。研究数据表明，慢性病已经取代传染病成为影响现代人健康的主要威胁。根据最新数据，我国已经确认慢性病的患者超过5亿人，且每年仍在上升。而导致慢性病的原因主要是由于我们生活的环境变化，例如空气污染；缺乏适量的运动和锻炼；不良的饮食和生活习惯等原因导致的。

(3) 健康建筑可以延长居民健康寿命。据《1990—2016年中国及省级行政区疾病负担报告》的研究结果显示：2016年我国代谢、环境和行为三大类危险因素导致的健康损失达15562.9万个伤残调整寿命年（DALYs），占总DALY数的44.8%。其中包括高盐饮食、蔬菜水果摄入不足等在内的饮食风险因素是影响我国人群健康最主要的危险因素，其造成的DALY损失在所有危险因素中占比最高（15.9%），其次是高血压（13.3%）、烟草（12.5%）、空气污染（9.3%）及酒精和吸毒（7.7%）。

4. 健康建筑的构成

为了加强对健康建筑的理解，我们把这个概念进行拆解。拆解为健康和建筑两个词汇分别解释。在健康层面，健康目标覆盖三个层面，包含生理层面、心理层面和社会层面的。具体到人的生理健康，指的是运动系统、神经系统、内分泌系统、血液循环系统、生殖系统、泌尿系统、消化系统和呼吸系统的健康。健康影响因素可以分解为介质性的因素，措施性的因素和感知性的因素。

在建筑层面，建筑相对封闭的环境便于加载技术手段，将不可控因素变为可控因素，可以为健康提供绝佳的载体。健康建筑可以通过建筑技术和健康服务实现坚决杜绝有害因素，积极鼓励有益因素和正确引导弹性因素的目的。

5. 助推健康建筑发展的五大驱动力

(1) 现代人的健康问题较为突出：我国成年人慢性病支出占全国平均疾病支出的15.3%，76%的白领处于亚健康状态，70%存在过劳死危险，20%患有慢性病，慢性病死亡率86%，平均寿命仅77.4岁，全球抑郁症人数约3.5亿人，我国青少年的行为问题发生率为21.6%。

(2) 新冠疫情反复：奥密克戎病毒传播，我国多地实施静态管理，多国实施跨国航班和旅行禁令。

(3)大健康产业融合:互联网行业,旅游行业,体育行业和健康都存在着不同程度的融合。

(4)个人健康意识增强:"80后、90后"成为购房主力,这一代人不缺房、缺好房。受新冠肺炎疫情影响:60%受访者希望拥有一套健康好房子。92%的消费者在选购家电时会特别关注健康功能。

(5)健康建筑需求增加:近50%的投资人乐意投资健康建筑,并有近30%表示将永久应用健康建筑相关措施。90%受访者表示健康建筑是未来首要发展重点。

6. 现阶段活跃于我国市场的三大健康建筑标准

国际WELL健康研究院(IWBI)、中国建筑科学研究院、国家住宅与居住环境工程技术研究中心三家机构均发布了关于健康建筑的评价标准(图2)。

图2 我国市场的三大健康建筑标准

WELL健康建筑标准:WELL建筑标准最初由Delos公司创立,现由IWBI(International WELL Building Institute)进行运营管理,IWBI与GBCI(Green Building Certification Instituted)共同合作进行第三方认证。WELL1.0提出了七个健康概念,分别为空气、水、营养、光、健身、舒适和精神,共105项条款。2019年5月,IWBI推出WELL建筑标准2.0版本,将健康概念拓展到十个。新增声环境、材料和社区,并将"健身Fitness"改为了"运动Movement"。为了增加WELL建筑评价标准的适应性与灵活性,WELL建筑标准大幅减少了先决条件的数量,由41条下降为23条。评分总分增加到110分,项目在每个概念上至少获得2分,最多不超过12分。项目可以因为创新获得额外的10分。

《健康建筑评价标准》T/ASC 02—2016:由中国建筑科学研究院有限公司、中国城市科学研究会、中国建筑设计研究院有限公司会同有关单位制定的中国建筑学会标准《健康建筑评价标准》，经中国建筑学会标准化委员会批准发布，编号为 T/ASC 02—2016，自 2017 年 1 月 6 日起实施。指标体系包含空气、水、舒适、健身、人文、服务六大健康要素，共包含 23 个控制项、73 个评分项和 6 个加分项。对于运行标识项目，全部条文均适用，对于设计标识项目，其中 24 个条文不参评（图 3）。

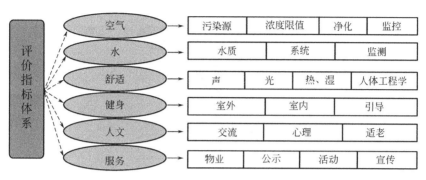

图 3　健康建筑评价标准

《健康住宅评价标准》T/CECS 462—2017：编制《健康住宅评价标准》的国家住宅与居住环境工程中心（以下简称"住宅中心"）是国内最早开始健康建筑研究的机构。从 1999 年起住宅中心即联合建筑学、医学、体育学、心理学等跨行业和跨学科专家开展居住健康研究。早在 2002 年住宅中心便已组织开展了健康住宅示范工程的建设。《健康住宅评价标准》T/CECS 462-2017 根据居住者健康体验或健康痛点，从健康需求层次理论的角度，将住宅健康性能指标确定为空间舒适、空气清新、水质卫生、环境安静、光照良好和健康促进六大方面，清晰表达了居住健康的体验与目标，以便于居住者理解并转化为健康行动，包括健康的居住环境和健康的生活方式（图 4）。

7. 全球各大健康人居标准主要指标对比

我们对健康建筑相关标准和其他国家，组织的相关标准进行对比，可以发现我们国家的健康建筑标准的指标总体相对较低，这种现象能在甲醛的浓度和 $PM_{2.5}$ 指数等指标上显示出来，这说明健康建筑在我国还处于一个启蒙期（图 5）。

全世界范围来看，美国的国家健康住宅中心在 1912 年就已经成立，英国等发达国家也早于我们。中国建筑设计研究院下的国家住宅与居住环境工程技术研究中心是 1999 年成立，其研究在我国起步较早。从普通消费者和房地产开发企业的角度看，我们国家到 2020 年新冠肺炎疫情出现以后才开始较为重视健康建筑（图 6）。

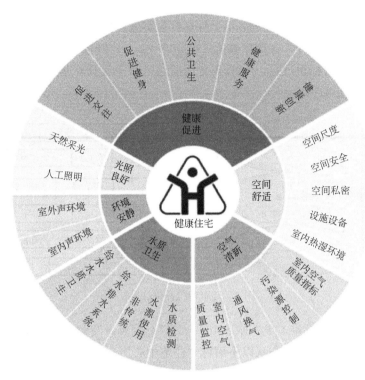

图 4　健康住宅评价标准

标准来源	标准	空气温度	相对湿度	CO$_2$	PM$_{2.5}$	甲醛	总挥发性有机物
中国	室内空气质量标准 GB/T 18883—2002	22~28℃夏季 16~24℃冬季	夏季40%~80% 冬季30%~60%	0.10% 日均值	—	0.10mg/m³ 1h平均值	0.60mg/m³ 8h平均值
中国	健康住宅评价标准 T/CECS 462—2017	满足《民用建筑室内热湿环境评价标准》GB/T 50785		0.07mg/m³ 日均值	37.5μg/m³ 日均值	0.07mg/m³ 1h平均值	0.42mg/m³ 8h平均值
中国	健康建筑评价标准 T/ASC 02—2016	满足《民用建筑室内热湿环境评价标准》GB/T 50785		0.09% 日均值	37.5μg/m³ 日均值	满足《室内空气质量标准》GB/T 18883	
美国	WELL建筑标准V2.0	90%的常用空间、90%的常用时间：PMV±0.5		800ppm	控制15μg/m³ 评分12μg/m³	控制50μg/m³ 评分9μg/m³	500μg/m³
WHO	空气质量指南2005 健康住宅指南2018	不宜过高 不宜过低	—	—	25μg/m³ 24h均值 10μg/m³ 年均值	0.1mg/m³ 30min平均值	
日本	建筑环境效率综合评价系统2005	夏季24~26℃ 冬季22~24℃	夏季45%~55% 冬季45%~55%	1000ppm 日均值	35μg/m³ 24h均值		
欧洲	BS EN 15251:2007（Ⅰ类）	夏季最高25.5℃ 冬季最低21℃	30%~50%	室内外浓度差<350ppm	25μg/m³ 24h均值		

国外标准更严格　中国健康人居各项关键指标与国外仍有差距，与中国的发展水平有一定关系

图 5　全球各大健康人居标准主要指标对比

第七章 新需求 创造美好生活与工作环境

图6 全球各国健康住宅发展历程

三、健康建筑与金融

1. 房屋的价值如何体现建筑的健康性能

对环境尤其是气候变化的高度关注是促进最近健康建筑激增的关键因素之一。健康建筑能产生可观的经济效益，这是金融部门对健康建筑保持高度关注的重要原因。

现在房屋价值的主要构成是其地理位置。比如周边的配套，医院和学校，典型代表就是学区房。地段构成了房屋的核心价值，当然除此以外还有一些设计、装修和家具建材之类的因素。多数业主在买房的时候也会考虑通风、采光以及健康饮水，但这些目前都未包含在房屋的估值模型中，或者占比很小。但健康是无价的（图7）。

图7 房屋价值的构成示意图

177

部分房地产企业考虑到这种情况，加大了健康促进设施的投入力度，但是购房者因为成本上涨的原因对这类产品并未表现出较强的购买愿望，目前这种情况正在逐步改变之中。

2. 健康建筑的经济效益

降低医疗支出：我国的医疗支出费用已从 2013 年占 GDP 的 4% 增长到 2019 年占 GDP 的 6%；如果医疗费用持续增高，医保和个人都将难以承受。日益高涨的医疗支出要求我们不是患病之后被动医疗，而要实现主动健康，即让人少生病。

提高工作效率：大量研究发现，室内环境会直接影响员工的工作效率，空气质量的改善会使生产率提高 8%～11%。卡内基·梅隆（Carnegie Mellon）引用的五项采光研究表明，改善光环境带来的平均收益为 5.5%。而控制温度和降低噪声可以分别防止工作效率下降 46% 和 66%。

提高场地租金：根据肯尼迪研究（一项为期十年的研究）结果显示，健康建筑可以带来直接的经济效益，包括：租金上涨 3.7%；保留 6% 的租户；出租率增加 5%～10%；价值增加 8%～10%。

提高企业留职率：对于企业而言，提供健康的工作环境可以提高留职率。招聘和留任是所有企业的首要问题。每次员工离职时，更换员工的代价是支付其薪酬的 30%～150%，而《财富》中排名 500 强公司的离职率高达 20%～30%。在招聘和留任方面，拥有一栋健康建筑或提供可以保障员工健康的办公环境，对提高公司的留职率非常有帮助。

联合国环境规划署金融倡议（UNEP FI）最新发布的研究报告《A New Investor Consensus: The Rising Demand for Healthy Buildings》指出：新冠肺炎大流行提高了"健康"在投资决策中的重要性。89.5% 的受访者表示他们打算在来年加强与健康相关的资产管理策略。在过去十年中，对健康建筑的需求一直在稳步上升，近 70% 的受访者表示，他们在新冠肺炎大流行之前就看到需求增加。

该报告强调了投资者日益意识到健康和福祉对其环境、社会和治理（ESG）战略的重要性，以及建筑设计、功能与个人和社会健康、福祉之间的联系。这导致人们更加一致地关注 ESG 中 "S"（社会）部分。目前，只有 53% 的受访者表示他们在很大程度上将健康和保健纳入其 ESG 战略，42% 的受访者表示他们已经开始这样做，留下了巨大的增长空间。

UNEP FI 的负责人认为："我们从成员那里了解到，金融行业从业者已达成广泛共识，即从整体上考虑他们通过其资本分配决策所产生的影响，而对社会商品的关注是价值的一部分。这项研究证实，健康和保健现在已成为社会议程的一部分，必须影响房地产的设计和管理方式。"

3. 金融部门在健康建筑过程中的四个主要角色

（1）业主或用户：对其持有或租赁的办公楼寻求健康建筑认证、健康性能改善，例如道明银行加拿大总部是加拿大的第一个 WELL 认证项目。

（2）投资者：对房地产投资策略的关注，ESG 投资理念兴起。

2018 年，中国证券投资基金业协会正式发布《中国上市公司 ESG 评价体系研究报告》和《绿色投资指引（试行）》，ESG 指的是环境（Environmental）、社会（Social）和企业治理（Governance）。ESG 投资引导，将推动机构落实绿色主题基金投资，强化注重投资回报，也兼顾投资的社会影响与环境保护。ESG 策略将继续融入各种资产类别和投资决策流程。

在近几年一个针对欧洲房地产市场的调查中发现，房地产行业正趋向于用非金融指标去衡量房地产和物业的价值。ESG 正在成为房地产管理中不可或缺的部分。员工的健康和福利一直被长期忽视，其为一个关键的 ESG 问题。如果组织想要真正提高员工的复原力，他们必须通过解决影响其健康、社区、经济稳定、教育和社会认同的关键问题来改善。

（3）贷方：为健康建筑的开发提供贷款支持。

健康建筑的增量成本主要是指为满足健康目标的基于普通建筑而增加投入的成本，主要包括工程增量成本和运营增量成本。如果要进行健康建筑认证，则还应加上认证审核和全流程咨询成本。据柠檬树绿色建筑科技有限公司基于现有数十个健康建筑项目的实践数据显示，相对于普通建筑，健康建筑单位面积的增量成本为 120～500 元/m^2。

商业银行给申请购买绿色建筑的个人消费者给予额外的优惠，此举有利于房地产市场绿色消费理念的形成，将大大提高房地产企业推动绿色建筑和健康建筑的积极性。2016 年初，兴业银行推出零售绿色信贷产品"绿色按揭贷"和"绿色消费贷"。普通按揭贷款利率定价为基准利率的 1.1 倍，绿色按揭贷款利率定价则可以为基准利率的 1.07 倍。

（4）保险：推出绿色建筑性能险、装修污染险等，越来越多的保险公司正在提供健康建筑产品和服务。

2018 年 9 月，平安保险推出绿色卫士装修污染责任险，是国内首个承保室内空气环境污染的产品，是一个聚焦于健康建筑的创新型绿色金融产品。2019 年，在保尔森基金会的推动下，绿色建筑性能责任保险已在北京市朝阳区和中德生态园进行试点。

绿色金融已经成为推动绿色建筑和健康建筑市场化发展的重要驱动力。

四、市场与产业

1. 市场

（1）健康建筑成房地产行业共识

相比2020年，2021年新增逾20家房企发力健康建筑产品。各头部房企均有自身健康建筑企业标准或健康建筑产品及体系，健康发展方向相比去年也有更新（图8）。

企业简称	健康特色	企业简称	健康特色
朗诗集团	朗诗科技3.0：健康、舒适、节能、环保	金地集团	金地健家2.0
远洋集团	远洋健康建筑体系、2050净零排目标	越秀地产	健康人居2.0
瑞安房地产	5C可持续发展战略	绿城中国	园区健康、绿城九大未来场景
中冶置业	绿色、健康、智慧的中冶建筑科技体系V2.1	葛洲坝地产	5G科技健康体系
力高集团	NOWA2.0、怡邻、光健康	美的置业	AI/5G智慧健康社区、维G健康社区、疗愈景观
绿地集团	绿地健康宅1.0，"五小四居"模式	世茂地产	健康认证体系
阳光城	绿色智慧家手册2.0	海伦堡地产	健康+2.0、Hi居智慧生态圈
当代置业	发展战略白皮书、绿色健康复合社区	龙湖集团	健康U+计划
恒通集团	POE健康研究体系	保利发展	全生命周期居住系统2.0、2020健康白皮书
中国金茂	金茂府2.0、超级城市计划	华润置地	大健康地产
旭辉集团	HUMAN智慧健康生活2.0、CIFI-7	金科集团	金科生命建筑
招商蛇口	健康科技住宅体系(4+X)	融创中国	医疗康养、融爱家
万科集团	HSQ认证体系、"健康生活"+"科技智能"	碧桂园	2020年健康人居白皮书

图8 头部房企自身健康建筑企业标准或健康建筑产品及体系
资料来源：《中国健康建筑发展研究报告2020》《中国健康建筑发展研究报告2021》，北京柠檬树绿色建筑科技有限公司，友绿智库

（2）房地产企业健康建筑产品开发三大方向

经济适用型：经济适用型房企，深耕自身企业标准，满足基本的健康建筑相关要求，打造的健康建筑增量成本及产品溢价相对较低。

科技舒适型：科技舒适型房企，通过高科技产品及系统的综合利用，打造全新的高科技智慧健康建筑。但该健康建筑的增量成本相对较高。

认证标识型：认证标识型房企，虽没有自己的健康建筑企业标准，但是充分利用市场现有的标准体系，打造合规的健康建筑并进行健康建筑认证，为建筑项目增加可信度及吸引力。

（3）健康建筑企业标准成房地产企业标配（图9）

（4）对健康建筑客户价值的研究

恒通集团完成了行业首个对科技住宅的健康建筑客户价值研究，据《恒通科技住宅健康价值测评报告》，报告将恒通科技住宅为住户带来的八大健康价值分为：老幼群体更健康、空气更清新、室温更稳定、甲醛浓度更低、新冠肺炎疫情期间表现优异、续住意愿更强、室内空气污染更少，以及对户外空气条件依赖性低（图10）。

第七章 新需求 创造美好生活与工作环境

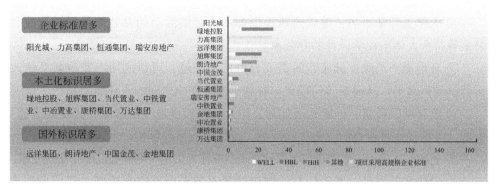

图 9 健康建筑企业标准成房地产企业标配
资料来源:《中国健康建筑发展研究报告 2021》,友绿智库

图 10 健康建筑客户价值研究
资料来源:《恒通科技住宅住户满意度及健康价值评价报告》,北京柠檬树绿色建筑科技有限公司

从恒通集团的研究来看,健康建筑的健康促进和健康保障价值尚未得到住户的广泛认可;建议房地产企业开展各气候区广泛地健康建筑住户入住后评价(POE 研究),客观评价健康建筑带给住户的价值,增强住户的获得感。

(5)健康建筑推动健康科技全面应用

健康建筑的兴起,也带动了建筑环境监测与改善相关的行业,具体包括以下八大行业。

① 空气质量监测:健康建筑要求实时测量、记录和传输重要的室内空气质量指标和周围室外空气质量指标。

② 空气净化处理:健康标准均把空气质量作为衡量是否是健康建筑的重要指标。

③ 生理节律照明:节律照明通过可自动调节色温和亮度的智能照明系统,

模仿户外的自然光照条件，可有效促进用户的健康。

④ 人体工程学家居：健康建筑提倡为用户提供活动的办公位和可调节的办公桌等符合人体工程学设计的办公家具。

⑤ 环境噪声消除：健康建筑需要良好的声环境。可以使用声音掩蔽系统改善背景噪声水平，从而改善信噪比，有利于保护住户之间的声环境隐私。

⑥ 改善睡眠质量：健康建筑鼓励公司为员工提供适当的睡眠（其实是小憩）支持，包括提供可折叠的气垫、睡眠舱、可完全放下的躺椅、吊床或沙发。

⑦ 老幼群体护理：健康建筑要求针对老幼群体提供周全的服务设施和安全设施。

⑧ 健康智慧服务：基于住家的健康智慧服务平台可以利用新一代信息采集技术、AI技术、物联网技术，让居民在住宅中、在自然状态下，感知体征信息、环境信息，采集居民健康数据。

（6）健康人居科技服务广受关注

据友绿智库最新的调研表明，空气质量、环境舒适性、用水卫生仍是消费者在健康建筑中关心的主要指标。健康产品需求情况调研表明：50%的受访者已有健康产品消费行为，其余50%的受访者有意或乐意为健康产品买单，没有完全不关注健康产品的受访者。健康产品购买意向调研表明：健康产品主要购买意向为新风净化设备（93.75%）、室内环境监测仪（59.38%）、个人健康监测设备（43.75%）、健身器材（43.75%）。

2. 健康建筑认证市场前景广阔

（1）健康人居科技服务市场规模超1.6万亿元（图11）

新风科技	新风系统市场规模高达600亿元
空气净化处理	空气净化器市场规模约为62.6亿元，受新冠肺炎疫情影响，75%来自线上消费
空气质量监测	空气质量监测市场规模约7.68亿元，我国国内气体传感器行业专利数已超2000个
环境卫生保障	中国扫地机器人零售量654万台，扫地机器人的市场规模元增至94亿元
光环境优化	我国智能照明、健康照明市场规模高达5900亿元
人体工学家居	仅人体工学办公椅市场规模已超200亿元
睡眠质量改善	睡眠经济市场规模约为3779亿元，其中70%来自器械用品(床垫、枕头等)
噪声治理	环境噪声治理市场规模达200亿元
舒适空调	健康舒适空调市场规模达2000亿元
健康建材	环保生态建材生产与销售市场规模达7600亿元

图11 健康人居科技服务市场规模

资料来源：《中国健康建筑发展研究报告2021》，友绿智库

（2）后疫情时代健康建筑认证标识市场快速增长

新冠肺炎疫情前的 2018—2019 年，健康建筑认证数量年增速大于 80%。受新冠肺炎疫情影响，2020 年增速仅为 60%。在后疫情时代，2021 年半年时间健康建筑认证项目数已与疫情前持平，预计 2021 年增速将超过 100%（图 12）。

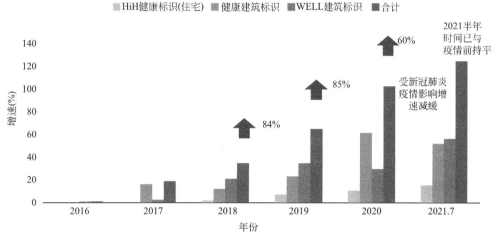

图 12 获得认证的健康建筑项目数量趋势（截至 2021 年 7 月，友绿智库统计）

资料来源：《中国健康建筑发展研究报告 2021》，友绿智库

（3）本土健康建筑标识市场版图快速扩张

HBL 健康标识认证项目倍数增长，市场份额快速扩张；HiH 健康标识认证项目个数缓慢增长，蓄势待发；WELL 健康标识 2020 年受新冠肺炎疫情影响较大，2021 年市场占比回升（图 13）。

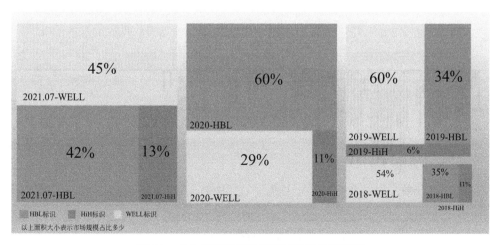

图 13 本土健康建筑标识市场版图快速扩张

五、结论与建议

1. 未来：低碳和健康挑战将长期存在（图14）

图14（a）来自美国国家航空航天局（NASA），该图显示：从工业化以来到现在，全球平均温度的升幅逐步增大，并且趋势是不可逆的。图14（b）介绍的是流感病毒，该图表明流感病毒每隔一段时间都会出现新的变异。和现在的奥密克戎病毒类似，它并不是在以前出现的德尔塔病毒的基础上变异而来，而是平行进化出来的，病毒未来的进化方向存在着不确定性。

2. 当前：要解决低碳与健康协同发展的问题

现阶段面临的挑战是两个：一方面要低碳发展，降低 CO_2 排放；另一方面我们应对健康危机，如何解决低碳与健康两者协同发展的问题。健康建筑不是改善性需求，是刚需。低碳发展，也是必走之路。

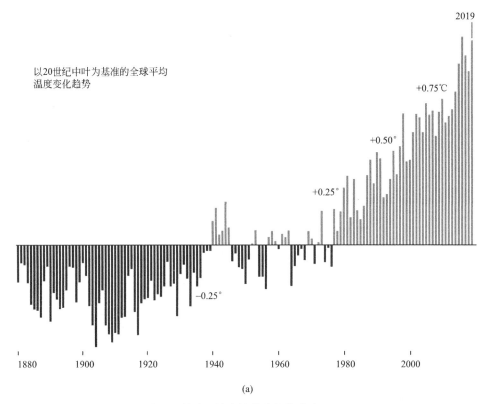

图14 低碳和健康挑战将长期存在（一）

资料来源：美国航空航天局（NASA）戈达德空间研究所

(a) 历年流行的流感毒株
(从1930年到2018年以来，在人类流行过的流感毒株。由图可知，流感病毒会不断变异，人类始终与之相伴)

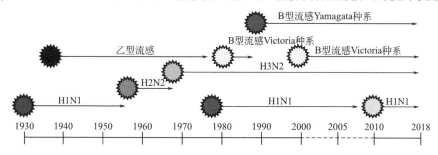

(b) 按年龄分列的人口
(反映不同年龄段人群疫苗对流感毒株的阻断效果。由图可知，即便打了疫苗，有些流感毒株还是会重复感染)

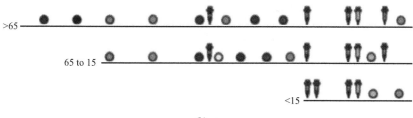

(b)

图 14　低碳和健康挑战将长期存在（二）

资料来源：人类 CD4 T 细胞对流感病毒的反应的印记和编辑，

肖恩·纳尔逊，安德里亚·桑特，免疫学前沿，2019 年 5 月

这个金字塔图（图 15），是大家比较熟知的马斯洛需求层次模型图。最底层的是安全和生理的需求。在 2020 年新冠肺炎疫情最盛的时候，很多房产公司做了客户研究。针对消费者在新冠肺炎疫情期间需要的住宅类型，大家提了很多的意见，也提了很多的需求，我们统计了各大房企和机构的调研成果，做了一个词频分析，频率越高在模型中的字就越大。由此可知健康的需求其实是一个刚需，其他的需求都是在此基础上的衍生。

另一个需要关注的问题是，现阶段绿色建筑和健康建筑发展差距较大。从图 16 中可以看到 2019 年绿色建筑有 4000 个，健康建筑只有 66 个，两者数量悬殊。尽管健康建筑很好，但是数量太少，需要以后给予更多金融政策的支持。

为了推动低碳建筑、健康建筑的协同发展，我们在中国建筑节能协会发起成立了低碳健康地产专业委员会（以下简称专委会）。友绿智库是秘书处所在单位。该专委会现在已经有三十多家企业参与，我们也欢迎更多优秀的企业能够参与进来。

在推动低碳与健康协同发展方面，专委会采取了"标准引领"的行动方案。

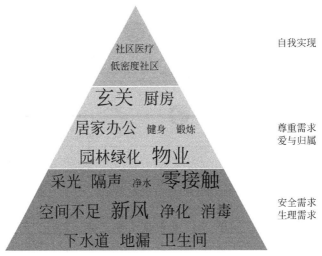

图 15　新冠肺炎疫情期间消费者购房需求分层及词频分析
资料来源：《中国健康建筑发展研究报告 2020》，北京柠檬树绿色建筑科技有限公司

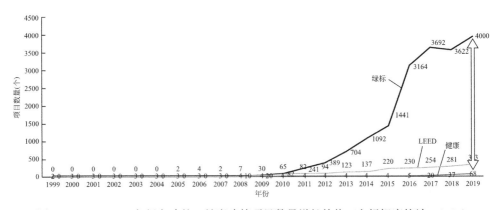

图 16　1999—2019 年绿色建筑、健康建筑项目数量增长趋势（友绿智库统计，2020）

专委会主任委员单位中海地产发起了《健康建筑人居环境评价标准》的制定；友绿智库发起了《房地产企业碳中和评价导则》的制定，该导则由中国房地产业协会、中国建筑节能协会共同立项，有二十多家房地产企业参编。

3. 路径：低碳与健康协同发展的技术路径

笔者认为，低碳与健康协同发展的技术路径就是碳中和。碳中和理念可以让低碳和健康实现平衡。图 17 是友绿智库在为多个房企提供碳盘查服务和开展碳中和建筑试点示范的过程中总结出来的一个流程图。

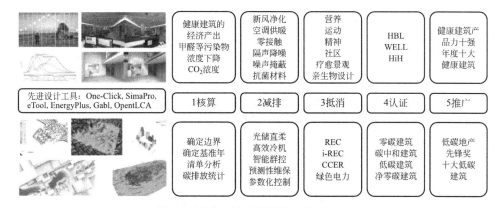

图17 低碳与健康协同发展的流程图

推动健康建筑市场发展的五个建议：

① 加大政策支持力度，推动行业发展：健康建筑推动因素调研，健康建筑制约因素调研；

② 深化健康建筑特殊人群设计：适老设计，适幼设计，无障碍设计；

③ 加强室内环境个性化、精细化控制；

④ 增加家庭健身空间：新冠肺炎疫情期间居家问题反馈调研；

⑤ 加强对健康建筑客户价值的研究：POE用户入住后满意度调研。

六、关于友绿

友绿成立的初衷来源《智慧社会 大数据与社会物理学》这本书的理念：未来社会物质和能量已经非常充裕，并且物质已经高度发达，思想和意识的流动将是推动人类社会进步的最大动力。友绿希望通过建立在建筑碳中和大数据基础上的研究成果，能够去改变企业的经营理念和推动行业的进步，帮助企业深刻认识行业趋势，协助企业决策。

具体到本文的主题，就是推动房地产业、建筑业的低碳发展。过去十余年来，友绿做过一些工作，并且产生了一些效果。让一些以前不做绿色建筑的企业，进行绿色和低碳方面的尝试。

图18为友绿于2021年末推出的一份旗舰报告。该报告在国内首次以碳中和指数的形式，从政策、标准、技术、企业和市场五个维度，对房地产业和建筑业的低碳发展进程作出了一个量化的评价，作为一个时代的标记，记录和见证行业的进步。

友绿将持续开展房地产业和建筑业的碳中和研究和实践，帮助更多的企业通过碳盘查了解自身的碳排放总量和强度，以及在低碳发展和应对气候变化方面面

图 18　友绿旗舰报告——《房地产建筑业碳中和指数研究报告》

临的经营风险；通过建设净零碳试点示范项目，了解碳中和技术和产业的创新机会；从而制定符合企业自身发展战略的碳中和规划。

在上述研究和实践的基础上，友绿将每年发布该年碳中和指数，记录我国房地产业和建筑业在碳中和目标导向下，如何走出一条低碳与健康协同发展的道路。

欢迎更多有志于在低碳与健康建筑领域长期发展的同仁多关注友绿的文章和研报。

第七章 新需求 创造美好生活与工作环境

建筑设计创新：源于需求，创造需求

邱 江

一、创新与需求——移动电话的故事

在分享关于建筑设计方面的内容之前，笔者想先以移动电话的故事开始。移动电话在 20 世纪 90 年代中后期出现在民用市场，技术的进步带来了移动电话的普及。最初，移动电话的到来满足了人们便利沟通的需求。各个品牌为了满足市场的需求，设计了形态各异的移动电话。也就是说，市场的需求引导了产品的创新。

1993 年，世界上公认的第一部智能手机 IBM Simon（西蒙个人通信设备）诞生。IBM Simon 没有物理按键，输入完全靠触摸屏操作。1993 年制造时，它就已经集手提电话、个人数码助理、传呼机、传真机、日历、行程表、世界时钟、计算器、记事本、电子邮件、游戏等功能于一身。但它的问世并没有影响大家对创造使用者需求的重视（图1）。

图1 第一部智能手机

作者简介：邱江，清华大学建筑系 1983 级校友，加拿大不列颠哥伦比亚大学建筑学硕士，CPC 建筑设计顾问有限公司创始人、总裁、总建筑师。

房地产行业发展与创新实践

2007年1月9日,史蒂夫·乔布斯在旧金山举行的Macworld大会上正式发布了第一代iPhone,创造了一个时代的奇迹。iPhone的出现创造了使用者的需求,以至于成为智能手机的标准,迫使竞争厂家跟随苹果公司,并长期处于跟随的处境。

二、房地产发展的新阶段

让我们将视线转回房地产行业。我国房地产发展的"上半场"已经告一段落,在改革开放的30年间,房地产有了飞速发展。但是前一段时间国家对房地产发展的控制和限制,预示着"下半场"即将到来。

1. 上半场:主要是满足基本需求,解决"有"和"无"的问题。

为应对海量货币发行,房地产成为"蓄水池"。居住/使用属性弱化,金融属性更加突出。产品忽略"质",更关注"量"。正因为如此,过去二三十年间注重"量"的开发企业发展迅猛,同时促成了"高周转"模式的形成。所谓的高周转,是指房企通过购买或拍卖获得土地使用权,两到三个月就可以开工,半年之内可以销售,一年以后可以回正现金流,整个过程是这样一种金融逻辑。

2. 下半场该怎么打?如何寻找"新需求"。

在现如今的市场中,依旧奉行高周转、拼速度显然不是合理的选项。"高周转"不足以提供满足更高层次需求的产品或作品。下面举两个例子。

(1) 德国科隆大教堂

举世闻名的德国科隆大教堂,是欧洲北部最大的教堂,不仅是中世纪欧洲哥特式建筑艺术的代表作,也是世界上最完美的哥特式教堂建筑之一。它始建于1248年,至1880年才宣告完工,耗时超过600年,至今修缮工程仍不间断。

(2) 巴塞罗那圣家族大教堂

该教堂始建于1882年。2021年12月8日圣家族大教堂举行一场隆重的亮灯仪式,纪念这项宏伟的工程在横跨了三个世纪,终于在139年后,迎来了一个里程碑。亮灯仪式也是庆祝教堂主要三座塔楼之一的圣母楼成功封顶。

三、需求的层次

需求层次包括两个方面,即物理层次和心理层次。物理层次:满足最基本的物质层面的需求;心理层次:追求精神层面的需求。在房地产领域,心理层次的追求表现方式之一是:追求代表富裕生活方式的建筑风格。

在中国过去的房地产发展道路上,经历了风格的演变。演变过程包括:欧陆经典、地中海/南加州风格、新古典主义风格、Art Deco风格、新亚洲风格、新中式风格、传统中式风格。

第七章　新需求　创造美好生活与工作环境

(a) 爱法新都，上海

(b) 街景，法国某市

图 2　不同国家、地区建筑风格对比（一）

(a) 蓝桥圣菲，上海

(b) 蓝桥圣菲，加州

图 3　不同国家、地区建筑风格对比（二）

如图 2、图 3 所示，如果只看图片，很难区分出这是两个不同国家的建筑。除了上述两例外，其他风格的建筑也可以找到类似的案例（图 4、图 5）。

四、创造需求——以校园设计为例

从建筑设计的角度，比较高层次的创意应该是创造，不光是满足需求，而是创造需求。笔者将以多所深圳学校的设计项目为例，表现这个观点。学校是个大家都非常熟悉的场所，从人类文明开始就已经出现许多范式，如孔子在杏林传道授业解惑，苏格拉底传授知识。随着历史演变，学校的形式发生着改变。古代欧洲很多课程是在教堂和修道院中完成的，我国古代也有很名的长沙岳麓书院，以及以剑桥大学为例的近代学校形式。

(a) 新古典主义住宅，中国

(b) 新古典主义住宅，美国

图 4 不同国家、地区建筑风格对比（三）

(a) 新亚洲风格，中国

(b) 新亚洲风格，新加坡

图 5 不同国家、地区建筑风格对比（四）

目前我们身处的时代背景使得教育的配套要求也在不断提升：（1）知识经济社会多元化发展。培养目标更开放，课程设置更个性化。（2）信息技术发展。教育资源更加多样化，随时随地可学习。（3）互联网技术与教学融合。教育方式更加丰富，互动式教育更加重要。

从时代需求的角度上看，社会多元化发展，社会分工愈来愈精细，实现知识和技能的专门化使得我们的现代教育跟以前的教育发生了本质上的改变。以往的教育以应试为主，学习方式比较死板。但随着生活质量的提升，人们对教育的需

第七章 新需求 创造美好生活与工作环境

求逐渐提升，培养适应未来知识结构的能力和加强心理素质更加重要，课程设置需要为学生的发展提供更加广阔的空间和平台。

传统的教育模式有非常大的局限性：（1）历史原因导致的物理空间限制；（2）进入学校的门槛也比较高；（3）优质资源获取的成本高；（4）普惠程度较低；（5）分配不均衡。由于存在这些局限，那么在规划学校时，就应满足这些需求。

图6为传统的校园建筑平面图。现行学校设计规范和管理机制更迭相对滞后，往往导致校园建筑千篇一律，形成一种非常单调无趣的模式化的设计，缺乏对素质教育、场地环境的细心呵护。

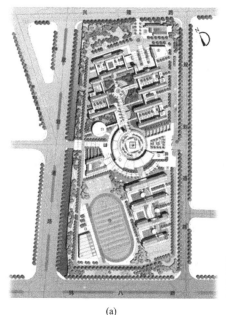
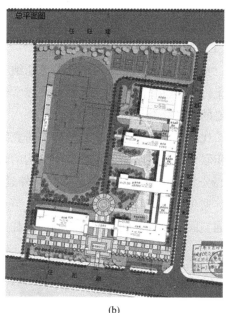

(a) (b)

图6 传统的校园建筑平面图

时代发展对教育模式提出了新的要求：包括随时随地可学习（less limitation）、个性化课程选择（more individual）、教育资源更多样（more diverse）、教育方式更融合（more intergrated）、培养目标更开放（more open）。由于新要求的存在，新型教育方式也应运而生，由以应试教育为目标的教学模式下的被动式学习转变为以素质教育为目标的教学模式下的互动式学习。为了解决这个问题，我们提出"社会生态，校城主义"的想法。

社会生态，校城主义的特点是：社区完善性；社会渗透性；空间多维性；城市标志性；开放融合的城市生态。

其中，社区完善性方面，学校不光是单一的提供教学空间的场所，还应为大家提供交流、协作、竞争、计划的空间。"校城"就如同一个城市公共空间组群，拥有相对完善的社区生活体系，具备一定的自我支持属性。

社会渗透性方面，"校城"内"社会界面"与校园内外有一定程度的空间渗透，为学生提供社会模拟体验（图7）。

图7　"校城"与"社会界面"间的关系

美国教育家亚伯拉罕·弗莱克斯纳表示"大学不是一个温度计，要对社会每一流行风尚都作出反应。大学必须经常给予社会一些东西，这些东西不是社会所想要的，而是社会所需要的。"

比利时新鲁汶大学城是很好的研究案例，它将更多的城市公共空间与校园设施相联系，公共空间是城市空间结构的骨架与核心；教育功能与居住功能围绕着核心公共空间分布，相互交叉并向外延展；交通空间沿公共空间形成的骨架分布，避免穿越教育空间与居住空间；节点公共空间作为多个功能的衔接点，位于交通空间、公共空间、教育空间与居住空间的交接处（图8）。

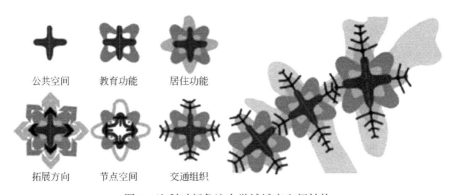

图8　比利时新鲁汶大学城城市空间结构

又如加拿大西蒙菲莎大学。不像传统意义上的学院建筑，西蒙菲莎大学的设计理念在于各学科之间的融合和空间的共享。整座校园没有单一的建筑，而是都被连接起来，空间沿着建筑物的边缘无限延伸。它表达出大学应有的文化包容性和知识的传播、交流理念。

第七章 新需求 创造美好生活与工作环境

对新需求进行如下梳理。

(1) 重新认识学生时间安排（图9）

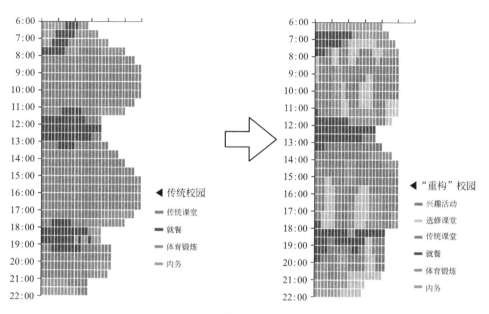

图9 重新认识学生时间安排

(2) 重新认识学校功能空间需求（图10）

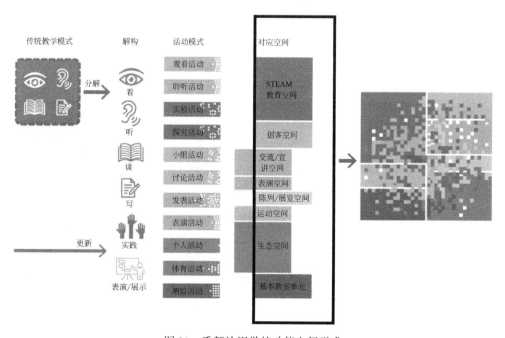

图10 重新认识学校功能空间需求

195

从教学功能模块上看，传统的"鱼骨式"教学空间单调、均质、缺乏活力；近年来的教育改革与创新，相应地对教学单元提出了更高的要求。因此，应着力设计丰富的交流共享空间；打造教学单元与交流共享空间的混合编织。图11（a）表示传统教学，图11（b）表示活动空间更加融合。

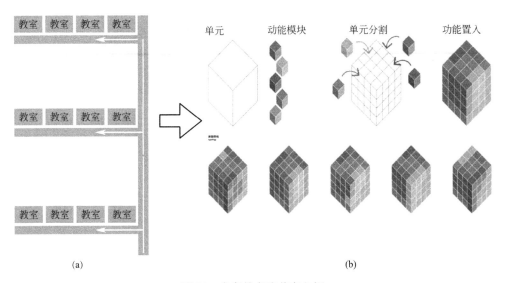

图11 丰富的交流共享空间

此外，要打破师生间的空间壁垒（图12）。

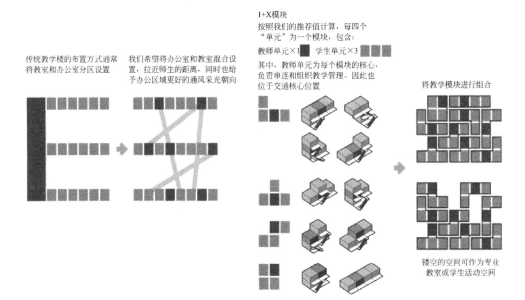

图12 打破师生间的空间壁垒

第七章　新需求　创造美好生活与工作环境

从宿舍功能模块上看，学生每天有接近一半的时间会在住宿空间中度过，一成不变的住宿空间无法与新模式的教学培养理念相配合。居住舒适、功能融合、弹性灵活，是宿舍模块设计的主要考虑因素。我们希望在保证私密性的同时，为高中生们创造一个更有利于交流、学习和休闲的住宿环境（图13）。

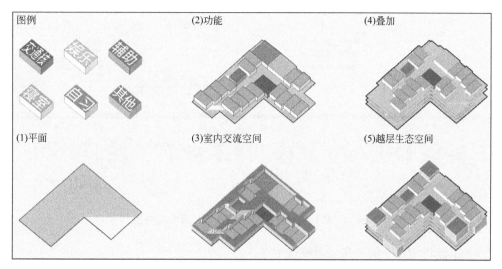

图13　创造一个更有利于交流、学习和休闲的住宿环境

从交互功能模块上看，我们打造功能盒子和活动平台，为师生提供安全自主、丰富广阔的交互空间。根据麻省理工学院的研究，80%的产品和服务上的突破性创新，并非在正式会议或工作坊里发生，而是专职人员之间非正式接触交流的结果。创新往往是通过非正式聚会和"混乱"的交流产生的。交互功能需要为适应新型教育理念和教学活动提供物理空间，还要促进公共活动的交互和叠加（图14）。

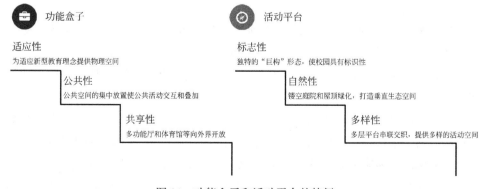

图14　功能盒子和活动平台的特征

从复合功能上看，校园空间流动化：空间不是完全封闭互相界定的，可以通过隔离墙体的打开实现空间的变化和流动，使用者可以自由出入，更具亲和力。校园布局灵活化：空间内部能自由划分和布局，不拘泥于空间必须相互区别分隔开来（图15）。

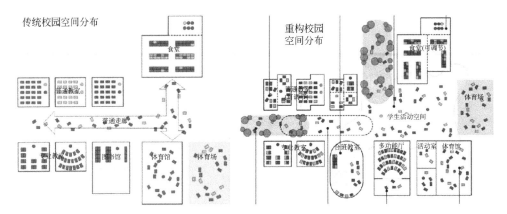

图15　传统校园空间分布与重构校园空间分布

下面将用几个例子来展示校城主义。

1. 深圳市第十四高级中学

项目背景：截至2019年底深圳全市下辖十个区，常住人口约1344万人，城镇化率100%，是中国第一个实现全部城镇化的城市。项目基地位于坪山区，离市中心约60km。因此，相比与深圳市中心的关系，更应被关注的是该基地与周边的区域性发展中心的关系。

基地位于深圳与惠州交界处。城市辖区边缘与区域性发展中心的距离约3km。基地周边城市功能以工业为主，不是传统意义中"合适"的学校选址。我们的设计理念是：物理空间的塑造，应时刻呼应其所承载活动的更新进步，并预判其未来发展。

校园整体区域分为四大模块，生活区、教学区、交互区和运动场区。交互区是传统校园中没有的，也是我们的一个创新点。我们对新型学校需求的理解，是将交互区类比成一个商场，只不过是知识的交互场，这是其中的核心功能（图16）。

图书馆的设计方面是将其非中心化，符合科技发展后，纸质图书需求量减少的趋势。活动平台本身与中国现行的建筑规范有一定的冲突，现行的规范对空间有非常明确的功能限制，但我们认为这也会限制学生的创造力（图17）。

对于交互区，我们将它设计为巨构的矩形结构建筑，用以彰显其重要性。整个活动平台与深圳岭南的气候相适应，使得建筑更绿色，更健康（图18）。

第七章 新需求 创造美好生活与工作环境

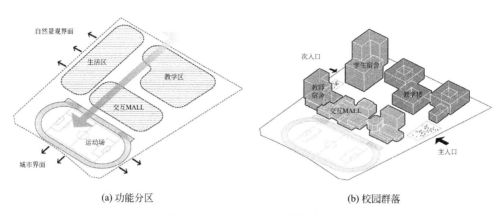

(a) 功能分区　　　　　　　　　　　　(b) 校园群落

图16　功能分区与校园群落示意图

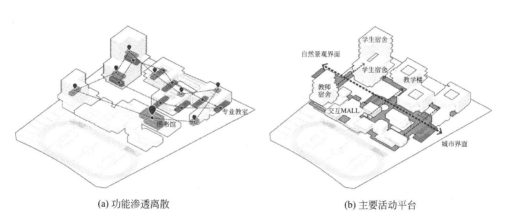

(a) 功能渗透离散　　　　　　　　　　(b) 主要活动平台

图17　功能渗透离散与主要活动平台示意图

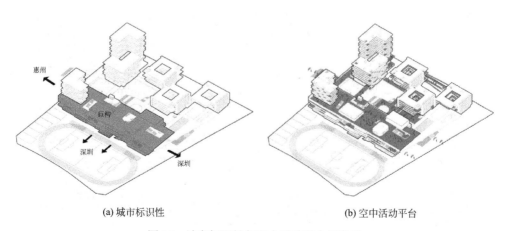

(a) 城市标识性　　　　　　　　　　　(b) 空中活动平台

图18　城市标识性与空中活动平台示意图

199

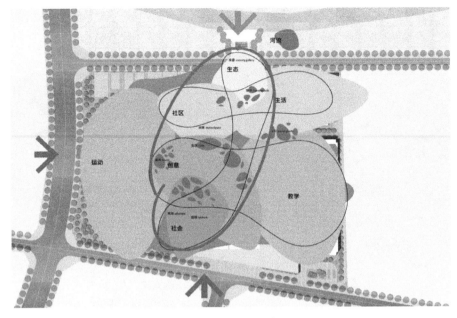

图 19　校园平面示意图

从图 19 可以看出，我们致力于打造开放融合的城市生态，让学校成为知识积累的生态圈，进入大学前的预备场，步入社会的模拟器以及全面发展的培养皿。

图 20 是学校整体设计的概念图，从图中可以看见西侧是上述提到的巨构建筑，南侧则是面向城市的入口。建筑的尺度要足够的大，足够的引人注目。

学校西侧效果

图 20　学校整体设计概念图

2. 深圳市第三十三高级中学

深圳市第三十三高级中学（以下简称三十三中）位于深圳市龙岗区，离市中心20km，项目基地东侧紧邻广达路，15min步行生活圈内包含两个地铁站，交通较为便利。目前基地位于城市规划绿化带交点，周边以工业区、居住区及生态景观区为主。

学校的设计理念是：学校作为承载知识的场所，作为城市中的一个建筑体量，它所呼吸的空间，形成的基因是和城市本身息息相关的。因此，我们希望市三十三中能够成为城市发展的博物馆，成为城市化扩张过程中的"乌托邦"。如同客家围屋的聚落，为孩子们搭建一座有温度的"人文生态校园"。方案的生成源自保留城市文脉，呼应自然的号召（图21）。

图21　三十三中设计理念

客家围屋是龙岗区非常重要的历史印记，龙岗区政府也非常重视。我们对客家围屋作了深入研究，图22是一个典型的龙岗客家围屋的形态。

图22　典型的龙岗客家围屋的形态（一）

城中村 ▶

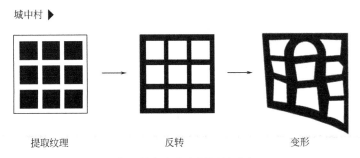

提取纹理　　　　　　反转　　　　　　变形

图 22　典型的龙岗客家围屋的形态（二）

对于深圳城中村，深圳的同学应该相当熟悉，图 23 为深圳城中村的形象。现代城市的印记开始向城中村倾斜。

图 23　深圳城中村的形象

图 24、图 25 是三十三中的一些设计图。

从学校透视图上看，对空间的设计还是比较自由的，没有被特殊限定功能的空间。我们相信这种人与人之间的，同学与同学之间的互动交流，应该在没有被限制的空间里发生，我们也希望能够通过这样的方式培养出更高素质的学生。入口空间不像传统空间那样有棱有角，实际上也是非常自由的空间。这是由于深圳气候非常好，我们有条件来建设大面积的平台，这种平台空间也给同学们之间的互相交流提供了非常好的物质条件。

最后，笔者想用一名美国著名建筑师伯纳德·屈米的话作结语：能够定义建筑的不是形式，也不是简单的功能，而是发生在其中的事件。

第七章 新需求 创造美好生活与工作环境

图 24 三十三中教学区和庭院透视图

图 25 三十三中设计图

第八章

新业态
资产运营与产业地产

商业地产轻资产运营趋势

唐晓虎

一、中国商业地产发展阶段及趋势

1. 商业地产概念

商业地产，土地用途为商业性质的房产，指用于各种零售、批发、餐饮、娱乐、健身、休闲、办公、酒店等经营用途的房地产形式。狭义的商业地产，往往指的是零售商业；广义的商业地产，包括写字楼、零售商业（购物中心、街区、底商）、酒店；近年来，也将长租公寓、数据中心纳入商业地产的概念中。

本文主要讨论狭义的商业地产，即零售商业的轻资产运营。

2. 商业与地产的关系

从我国近代的商场发展史来看，商业始于租赁。

- 中国百货公司雏形发源于香港地区，19 世纪后半期，香港兴起大量"南北行"。
- 1850 年，英国船主 T. A. Lane 与挚友 N. Crawford 在香港中环建造一家日用百货品商店——Lane Crawford（连卡佛）。
- 1900 年，澳大利亚华侨马应彪等 12 人，在香港皇后大道一座两层楼的商业建筑内，创设先施公司，成为香港真正具有近现代意义的第一家百货公司。
- 1904 年，英国的惠罗公司租赁南京路临近外滩的 3 间店面，在上海设立分公司。

通过租赁店面启动经营之后，随着业绩的扩大，商业经营者倾向于通过购买或者租赁地皮，来建设更大的商业经营场所，这就使得商业与地产发生了链接。

- 1913 年，马应彪增资 80 万港元，买下香港永和道和康乐道的 12 家店铺，平整土地，建造 6 层的先施公司新大楼。
- 1908 年，惠罗公司在南京路、四川路路口建成 5 层楼房作为店址，是近代上海外商开办最大的环球百货公司。
- 1917 年，先施百货公司从英国商人 Henry Lester 处租借上海南京路、浙

作者简介：唐晓虎，清华大学建筑学院 2005 级校友，英国皇家特许测量师，国际金融地产联盟理事，上海久富智本股权投资基金管理有限公司总经理。

江路路口的 30 年土地经营权，建造百货公司大楼，于 1917 年 10 月开业。这是内地第一家自建百货大楼，建筑面积 3 万 m²，商场面积 1 万 m²，经营商品达 1 万多种。

• 1918—1936 年，永安公司、新新百货公司、大新百货公司相继开张，成为上海南京路上的"新四大百货公司"。

在这个阶段，商业地产本质上还是由商业的经营者来主导推动的，其建设的目标，是为了扩大经营场所。

中华人民共和国成立后到改革开放这一时期，百货市场、商场成为国内商业的重要载体。但随着经济社会发展，人们对消费的需求变得越来越多元化，渠道也越发多样化，因此，进入 21 世纪以来，尤其是 2010 年之后，以传统百货为代表的，在过去一个世纪里掌握了商业地产推动主导权的"专业商业经营者"，逐渐式微。

取而代之的，是房地产商进入到商业地产领域中。

伴随着过去十多年房地产行业的高速发展，大批地产企业急剧扩张、大兴土木。在此过程中，或是因为政府规划要求，或是因为开发商自身战略发展的需要，地产公司建设并持有了大量的购物中心、写字楼、酒店，并由此开始介入对商业地产的经营和管理中。

商业和地产的关系也因此发生逆转。

原先，是商场的经营者推动项目的建设，而现在，则是物业的开发建设者，负责建成后的经营与管理。

如今，国内的大部分知名连锁商场，都不是由传统的百货公司来管理，而是由地产公司开发并运营的，甚至于包括很多的长租公寓，很多的写字楼品牌，背后也都是地产公司（图1）。

图 1　商业地产各业态部分头部品牌

而伴随着市场竞争的加剧和人民物质生活水平的改善，商业地产也在地产商的推动下，进入到一个不断更新快速发展的新阶段。

3. 中国零售商业地产的发展现状

自 2005 年以后，中国的购物中心如雨后春笋一般不断涌现。近年来，尽管增速有所放缓，但中国购物中心在管建筑面积仍然从 2016 年的 3.77 亿 m^2 上升到 2020 年的 5.7 亿 m^2，年复合增长率达到两位数，高于 GDP 增速（图 2）。

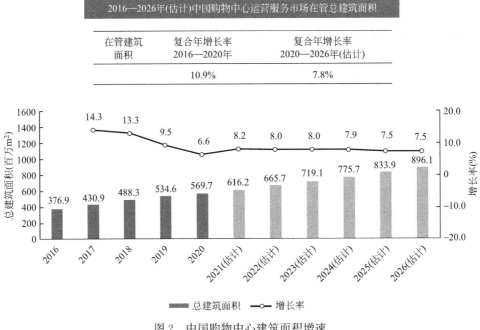

图 2　中国购物中心建筑面积增速

与此同时，与规模扩大同步的，是行业的集中度不断提高。2020 年，国内前十大购物中心运营商在运营购物中心建筑面积占 2020 年在运营购物中心总建筑面积约 17.5%，在运营项目数量占在运营项目总数约 15.3%（图 3）。

而包括万达、新城、龙湖、宝龙、华润等头部的全国性布局的房地产开发企业，2019—2021 年，基本上每年新开业项目数量还在不断增加（表 1）。

近年来，平均一年全国大概能开五六百个购物中心，其中行业前十的企业就能占到 150 个左右，而且其占比还在逐年提高。

随着管理规模的扩大，为了更好地进行人力和资源的统筹，各个企业将原本散落在各城市公司的商业运营团队，合并成一个专业组织开展运作。

于是，商业管理陆续从营销部下属的一个业务板块，变成了一个业务部门，甚至从一个业务部门变成了一家单独的企业。

而一旦成为一家独立企业，需要自负盈亏，那它就会在内循环的基础上，向外部市场开展业务，逐渐向一家大型的、综合性的商业地产管理公司发展。

中国前十大购物中心运营商 (在运营建筑面积所占份额)			中国前十大购物中心运营商 (在运营项目数量所占份额)		
排名	公司	市场份额(%)	排名	公司	市场份额(%)
1	万达集团	9.30	1	万达集团	6.70
2	新城	1.60	2	新城	1.70
3	印力	1.30	3	印力	1.60
4	华润	1.10	4	世纪金源	1.10
5	世纪金源	1.00	5	华润	1.10
6	宝龙	0.90	6	龙湖	0.90
7	龙湖	0.80	7	宝龙	0.80
8	凯德	0.70	8	凯德	0.60
9	爱琴海	0.40	9	爱琴海	0.40
10	大悦城	0.40	10	天虹	0.40
	前十大合计	17.50		前十大合计	15.30

图 3 中国前十大购物中心市场份额

头部企业 2019—2021 年新开业项目数量 表 1

公司	2019 年	2020 年	2021 年
万达集团	43	45	51
新城	21	33	30
宝龙商业	6	10	13
华润万象生活	10	5	12
龙湖集团	10	10	11
印力集团	2	7	14
大悦城	0	2	4

资料来源：各公司年报及网络数据

以上，是本文形成商业地产轻资产的背景条件。

4. 轻资产上市潮

这些年，与地产行业进入黑铁时代相对应的，商业管理和物业管理股收获了更高的估值倍数。

受 2020—2021 年良好资本市场预期带动，带商业管理属性的物企持续赴港上市（表2）。

同时，作为重资产退出渠道，海外 REITs 渠道也持续被关注。宝龙、新城均在 2021 年提出了部分旗下商业项目在中国香港或新加坡上市的目标。招商蛇口则于 2019 年末，以包括蛇口花园城中心在内的位于深圳的五个商业物业作为底层资产，在香港联交所发行了招商局商业房托基金 REITs。

带商业管理属性的物业管理企业递表及上市时间　　表 2

公司	递表时间	上市时间
宝龙商业	2019 年 8 月 20 日	2019 年 12 月 30 日
华润万象生活	2020 年 8 月 31 日	2020 年 12 月 09 日
星盛商业	2020 年 7 月 20 日	2021 年 1 月 26 日
中骏商管	2021 年 1 月 29 日	2021 年 7 月 02 日
珠海万达商管	2021 年 10 月 21 日	—
龙湖智创生活	2022 年 1 月 07 日	—

从资本市场的反馈来看，受益于更稳定的现金流，以及更长期的发展空间，即使在商业管理、物业管理股大幅回调的情况下，其市盈率仍然明显高于传统地产股（图 4）。

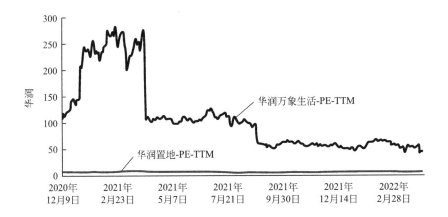

图 4　华润、宝龙商业管理、物业管理与地产开发市盈率比较

二、商业地产轻资产的价值和意义

1. 什么是商业地产"轻资产"

轻资产来源于麦肯锡提出的"Asset-light strategy",指企业仅投资少量的硬资产,更多通过核心技术、管理和品牌三要素去实现盈利,侧重于产品的设计、研发及品牌的推广营销(图5)。

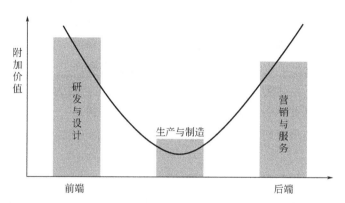

图 5　轻资产"微笑曲线"

在商业地产领域,就是指商业运营服务提供商无需投入资金购买土地或零售商业物业,而是更多专注于商业物业的运营及管理。

通常所说的重资产,是指业主方完全持有,或者能对资产保持50%以上所有权控制的资产。

而当资产持有方决定将资产委托给另一方进行管理时,对被委托方来说就是轻资产模式。

轻资产与重资产,在投入和收益方面,都有非常明显的区别(表3)。

轻资产与重资产的区别　　表3

	重资产	轻资产
建设方式	自投自建自营	投资方出资,经营方运营
资本投入	资本投入多	资本投入少(或无)
收入	• 资产增值 • 租金收入	• 管理收费 • 租金分成
优势	• 持续享受资产增值收益 • 风险抵抗能力强 • 受市场宏观调控影响小	• 周转速度较快,资金压力小 • 降低财务风险,优化企业报表 • 专注资产管理,提升服务能力 • 利于企业扩张,提升品牌价值

续表

	重资产	轻资产
劣势	• 利润压力大 • 资金周转慢 • 大量资产沉淀	• 无法享有物业资产增值 • 与投资方合作风险 • 经营管理要求高难度大

需要指出的是，轻资产的逻辑和过去20年房地产市场的逻辑并不相同。

过去20年，我们都非常偏好"重资产"。房屋是国人最重要的资产配置，大家普遍相信会持续增值，增长的速度也会远高于贷款利率，远高于工作创收，所以人们倾向买重资产，也会有更多的公司倾向于持有资产。

在这种信仰下，其实就不应该会出现轻资产公司，因为所有的轻资产公司，它的目标最终都只有一个，就是把自己变成重资产公司。

为什么如今会出现轻资产更受追捧的现象，我们可以从需求和供给两侧来回答。

2. "轻资产"的存在价值——需求侧

在过往十几年的高速开发期，大量非专业开发商兴建的购物中心项目，未能得到有效经营管理。沉淀大量资金的同时，还陷入现金流持续失血、资产价值不升反降的恶性循环。

弗若斯特沙利文分析报告显示，2020年，中国出租率低于70%的有9606家，占在管商业广场总数的45.7%（图6）。

图6 出租率低于70%的购物中心数量占比

资料来源：万达商管招股说明书

自有团队的无能为力，使得开发商寄希望于通过更专业的运营方，来挽回局面，甚至起死回生。

案例1

北京双桥万达广场——从濒临倒闭到客流盈门

2020年12月24日,北京双桥万达广场重装开业,该项目原为东星时代广场,历时4个月改造而成。万达接手时,超过70%的品牌已经撤店,最差单月总销售只有十几万元,年整体营收不足1000万元。

改造后,年整体营收增至2021年的2.24亿元;客流从门可罗雀到一年897万人次,整体出租率达到98.92%。

案例2

北京三里屯太古里西区——从服装批发市场到优衣库全球旗舰店

2016年9月,曾经的三里屯雅秀服装市场、后来的雅秀大厦关停。2017年2月12日,太古地产宣布与北京昆泰集团达成合作协议,将长期整租雅秀大厦,命名为"三里屯太古里西区"。

通过长达近五年的改造和筹备,2021年12月3日,三里屯太古里西区正式开业,引入北京首家优衣库全球旗舰店、北京首家NIKE RISE旗舰店、北京首家陶陶居等品牌,成为三里屯商圈的全新网红打卡地。

通过良好的经营,不但使得项目运营状态有了一个非常好的提升,同时也使其资产价值得到显著增长,这是轻资产存在的意义,也是其得以发展的基础。

3."轻资产"的存在价值——供给侧

对于轻资产的提供者来说,轻资产模式一方面意味着更高的资本运营效率——减轻运营商在持有及收购资产方面的财务负担,优化资源分配,从而带来更高的利润率及资本回报率(表4)。

商业管理、物业管理企业与开发企业2021年毛利率对比　　　　表4

企业	毛利率(%)	同比变化
万达商管	44.8	↑7.9个百分点
华润万象生活	48.6	↑6.8个百分点
华润置地	26.97	↓4.2个百分点
万科	21.8	↓7.4个百分点
保利发展	26.8	↓5.8个百分点
中国海外发展	23.5	↓7.1个百分点

注:华润万象生活毛利率数据为商业运营及物业管理服务板块数据。

此外,也意味着更高的扩张发展效率,通过与重资产合作伙伴的分工配合,有利于克服"因人生地不熟"的原因导致进入更多新的城市产生状况;也可以避免因为资金的不足，错失入局机会，影响了企业的规模增长。

这一打法在地产开发领域就有诸多先例，如龙湖在新进城市扩展中，倾向于通过与地方企业合作开发快速深耕，在武汉、昆明、苏州等地效果显著，快速、安全地扩张了其版图覆盖面。

商业地产领域同样如此，2020年8月8日开业的西藏拉萨万达广场，是万达集团在西藏自治区开业的第一座万达广场，是全国第330座万达广场，也是全国海拔最高的万达广场。

拉萨万达广场由万达商管集团与拉萨市国有城投公司采用"轻资产"模式合作建设。万达通过品牌管理输出，主要负责设计、建设与运营，无需投入资金。

通过引入万达，当地政府和城投公司解决了西藏自治区缺乏大型现代化商业中心的问题，引入了西藏首个拥有IMAX新一代激光放映系统的影厅，新增4000个城市服务业就业岗位和稳定税收。

如今，当住宅业务提供的现金流不断下降时，如何用有限的资金换取更大、更可持续的发展，是所有房地产企业都面临的问题。在商业赛道已经有所积累的企业，放下了原先"资产唯一"的信仰，转向轻资产业务，也是转型的必然。

所以，在供给侧和需求侧的"双向奔赴"之下，轻资产成为如今商业地产日趋火热、关注度节节攀高的板块，也就不难理解了。

三、轻资产模式的服务内容与收费

1. 轻资产运营的主要业务模式

现阶段，国内购物中心的轻资产管理模式，更类似酒店管理集团的模式，更多聚焦于经营管理而非资产管理。

因而其主要的业务模式，还是整租运营模式（收益分成型、传统型）、品牌及服务管理输出模式、合作开发模式、售后返租模式等。

整租运营模式：先向业主租赁物业，然后再出租给商户，并同时负责整个物业的经营管理。运营商通过租金差价或是与业主约定的净收益分成形式获得收益。

品牌及服务管理输出模式：向商业物业派遣管理团队、运营人员，并使用运营方的自有品牌给物业冠名。

按照珠海万达商管招股书的定义，把它拆分成了三种细分模式：
- 委托管理模式：主要提供管理团队及运营人员；
- 管理输出服务模式：主要提供管理团队；
- 品牌输出服务模式：向零售商业物业的业主授予品牌使用权。

合作开发模式：在轻资产中通常意味着"小股操盘"，与其他开发商或专业资产管理机构合作进行物业开发，然后由运营商负责经营管理。

售后返租模式：将商业物业划成众多散铺出售给投资者，随后向购买者进行返租（多为3年左右）并整体运营。

2. 轻资产运营的服务内容

具体内容服务方面，以品牌及服务管理输出的轻资产模式为例，根据时间节点分为筹备阶段、运营阶段，运营商为业主方提供策划定位、招商、开业筹备、经营管理以及物业管理服务。

根据珠海万达商管招股书，各项业务内容如下：

- 顾问服务：市场研究、市场定位及购物中心设计；
- 招商服务：确定及招揽购物中心租户并协调签订租赁协议；
- 开业筹备服务：制定开业前营销策略以及安排开业仪式和推广活动等；
- 续/换租服务：对到期、提前解约的商铺进行续约或再次租赁；
- 运营管理服务：租户辅导、营销推广与消费者管理服务；
- 物业管理服务：秩序维护、清洁及绿化、维修保养；
- 其他增值服务：多经点位管理、停车位管理、商户的营销增值服务；
- 数字化系统服务：CRM会员系统、能源管理、租赁合约管理等。

3. 商业地产轻资产的收入模式及定价策略

根据模式和阶段不同，轻资产运营商的收费方式也不同。

传统型的整租运营模式，轻资产运营服务商通常不向业主收取费用，其收入来源于直接向商户收取的租金、管理费，向顾客收取的停车费等。

品牌及服务管理输出模式的收费相对整租运营模式更复杂一些，涉及不同阶段向业主的收费。

筹备期主要收取的是定位、设计管理服务费，以及招商佣金；前者通常会根据面积确定；招商佣金一般为2-3个月的租金（表5）。

筹备期收费定价策略 表5

运营商	定位及设计管理服务	招商管理服务
华润	定额费用	不超过3个月租金
龙湖	按面积收取	2个月租金
宝龙	按面积收取	2个月租金
万达	按面积收取	—
新城	定额费用	—

注：不同项目有所差异。

运营期的收费模式与酒店管理公司类似,主要为"基础管理费+奖励管理费",多数采取与目标项目的NOI(运营净收入,Net Operation Income)或NPI(物业净收入,Net Property Income)相挂钩的激励模式(表6)。

运营期收费定价策略 表6

运营商	运营管理费常见费率
华润	总收入×4%+NOI×8%
龙湖	总收入×4%+NPI×8%
宝龙	租金收入×5%+多经停车收入×30%
万达	NOI×30%
新城	NOI×10%~30%(根据NOI分档)

注:不同项目有所差异。

若涉及使用"万象城""天街"等商场名称的品牌授权,或是数字化经营管理系统的,通常业主方还需要支付品牌授权费、系统使用费等。

四、购物中心轻资产的标杆企业

国内"轻资产"赛道的早期大玩家,包括了万达、爱琴海、世纪金源等企业。

万达自2015年起,开始采取轻资产运营模式,向独立第三方持有的商业广场提供商业运营服务。截至2021年年底,万达广场已经开业417家,其中独立第三方商业广场132个。

爱琴海于2016年起开启轻资产计划,通过运营轻资产项目,实现扩张,截至2021年,已有超过20个在营项目,已签约项目进入北京、上海、天津、重庆、成都、苏州、慈溪、昆明、福州、兰州、唐山、大同等100余个城市。

世纪金源于2016年正式启动轻资产项目:方圆荟。截至2021年,拥有13家自持购物中心、1家奥特莱斯、88家方圆荟,进入北京、合肥、重庆、福州、南宁、贵阳、成都、西安、长沙、昆明、宁波等地。

近些年来,华润、龙湖等传统重资产企业,也纷纷加码轻资产业务。

华润万象生活上市后,正式开启轻资产的规模性扩张;2021年,华润在深圳、上海、杭州、沈阳等一、二线城市获取了11个轻资产管理项目。

龙湖于2021年3月,发布主题为"知轻重 有所为"的海报,宣布全面启动轻资产模式。根据龙湖智创生活发布的招股书,截至最后实际可行日期,储备购物中心有68个,其中8个源于独立第三方,合约建筑面积约25.3万m^2。

印力截至2021年底累计开业的105个商业项目中,包含了32个轻资产输出管理,另外还有 10 个轻资产输出管理的储备项目。

1. 轻资产标杆企业 1——凯德

凯德集团(凯德)是亚洲知名的大型多元化房地产集团,总部设在新加坡,2000 年在新加坡上市。

其业务涉及全球 40 多个国家的 260 多个城市,以新加坡和中国为核心市场,投资组合包括综合体、购物中心、办公楼、旅宿、住宅、产业园区、工业及物流地产和数据中心等类别。

凯德是真正意义上的"资产管理者",通过 PE+REITs 双基金模式,兼顾房地产开发商、房地产运营商、资产管理人三个身份,实现了地产项目全生命周期开发和管理(表 7)。

凯德集团在项目各阶段的角色　　　　　　表 7

项目阶段	凯德集团角色
项目启动	前期介入
项目开发	引入私募基金 PE
运营管理	招商、运营
股权退出	发行 REITs
运营管理	REITs 管理、招商、运营

2021 年 3 月 22 日,凯德集团公告将把其投资业务和房地产开发业务拆分,并将后者私有化。

通过将资本效率更高的投资板块(凯德投资管理 CLIM)上市,在资本市场进一步释放估值。

凯德投资管理上市后一年内,其股价从首日收盘价 2.95 新元升至 3.76 新元,上涨幅度达到 27.5%(图 7)。

2. 轻资产标杆企业 2——万达

万达是中国最大的商业运营服务提供商,截至 2021 年 12 月 31 日,珠海万达商管管理了 417 个商业广场,其中独立第三方商业广场占 132 个,占比 31.7%。

同期,万达广场还有 161 个储备项目,包括 139 个独立第三方项目,其轻资产业务发展历程如图 8 所示。

与大部分开发商核心聚焦一、二线城市不同,万达始终重视三、四、五线城市商业的潜力,甚至近年来开始加速下沉县域。

2021 年开业的 51 个万达广场中,有 20 个项目位于四、五线城市,包括西

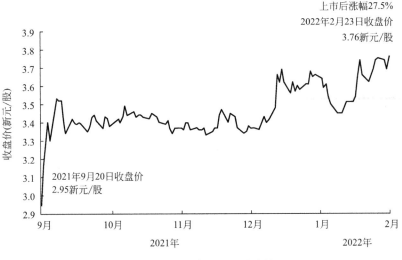

图 7　凯德投资管理股价走势

2002年	开始对万达广场进行管理
2007年	万达商管公司成立
2014年	向超过100家商业广场提供商业运营服务
2015年	开始采取轻资产运营模式,与光大安石、嘉实基金、四川信托和快钱公司签署投资框架协议,向独立第三方持有的商业广场提供商业运营服务
2017年	向超过200家商业广场提供商业运营服务
2019年	向超过300家商业广场提供商业运营服务
2021年	珠海万达商业管理公司成立并成为万达集团唯一的商业运营服务平台

图 8　万达轻资产业务发展历程

宁、天水、白山、赤峰、亳州、天门、石河子、凯里等地,占比近40%；同时,有一大批地处县城的万达广场正在建设和运营中（图9）。

当然,为了实现更高的回报,万达也没有放弃灵活拓展一线城市的发展机会,尤其是利用全方位拓展城市更新改造项目,包括专业市场、百货、奥莱等契机,在一线城市实现战略布点。

项目名称	所在省市
宜阳县万达广场	河南省洛阳市
尤溪县万达广场	福建省三明市
长丰县北城万达广场	安徽省合肥市
砀山县万达广场	安徽省宿州市
舒城县万达广场	安徽省六安市
蒙城县万达广场	安徽省亳州市
利辛县万达广场	安徽省亳州市
安溪县万达广场(已开业)	福建省泉州市
澧县万达广场	湖南省常德市
修水县万达广场	江西省九江市
沭阳县万达广场(已开业)	江苏省宿迁市
灌云县万达广场	江苏省连云港市

图9 部分县域级万达广场

五、轻资产赛道发展新趋势

1. 大量玩家持续加入赛道，扩张提速

与轻资产上市潮相呼应的，是各个企业在这一年来，加速了新项目的拓展速度。

龙湖集团于2022年第一季度多点发力，在上海、杭州、成都等城市拓展了多个轻资产项目；2022年，龙湖商业将有18座商场投入运营，其中5座为轻资产。

华润置地于2021年在深圳、上海、杭州、沈阳等一、二线城市获取11个轻资产管理项目；2022年，计划外拓10个第三方购物中心，新开18个购物中心。

大悦城于2021年获取了轻资产商业项目5个，位于绍兴、天津、无锡、眉山等城市。

K11集团于2022年3月竞得上海金桥TOD项目商业部分管理服务，拟通过轻资产模式将K11 Select引入上海；K11集团预计2023年年底轻资产项目增至10个。

星盛商业于2021年相继签约日照星河iCO、厦门星河COCO Park、广州健康港星河COCO Park、广州从化海音星河iCO、湛江星河COCO City五个第三方项目。

包括沈阳中兴等本地化企业，也投资设立了专门的子公司，作为轻资产运营及新业务拓展平台。

2. 模式、产品更为多元

在轻资产扩张的过程中，各个企业为了尽快实现规模增长，在资源获取、合作模式，以及产品类型方面都有所突破。

例如深圳光明万达广场，万达采取了与业主进行毛坯租赁的合作形式，且体量仅为4.5万 m^2，显著小于标准万达广场的体量。

印力和龙湖的轻资产管理项目中，也有多个"另类"产品。如2021年12月23日开业的上海AI PLAZA西岸凤巢，是印力上海首个核心城区非标商业。

由龙湖运营，于2021年9月30日开业的武汉范湖里特色商业街，则是与武汉江宸天街联通的地铁商业街项目。

3. 科技赋能、数字化介入程度提高

为了加快轻资产拓展获取，以及提升管理的标准化程度，各类数字化系统和工具，成为商业管理公司的新武器。

同时，也为了在与业主方的"不平等"博弈中留有后手，越来越多的轻资产公司使用智能化系统来替代传统的人工流程、手工报表，实现业务"线上化""自动化"。

这些系统和创新尝试包括：
- 选址评估系统：大数据、城市地图，加速项目；
- 数据采集系统：体态识别、销售抓取；
- 经营管理系统：数据可视化、智能预警；
- 智能化物业管理系统：管控平台、能耗系统；
- 会员管理系统：与重资产共享、与其他类型物业打通；
- 金融科技系统：租户金融服务。

六、商业地产轻资产的未来方向

1. 当下商业地产所面临的发展问题

随着购物中心存量的不断增长，赛道拥挤程度也不断增强。从数据来看，随着生育率的下滑，近五年全国购物中心总面积的增速明显超过了全国总人口的增速（图10）。

对应是各家影院单银幕票房产出的不断下降，作为大型购物中心的主力店标配，这也近似可以体现出各个购物中心平均客流量走低的趋势（图11）。

根据全联房地产商会商业地产工作委员会与RET睿意德联合发布的《2022年全国商业地产经理人信心指数报告》——79.6%的购物中心经理人认为2022年购物中心市场竞争将会更加激烈；69.9%经理人认为行业竞争加剧是由于竞争对手的数量增加导致。

与此同时，随着互联网的发展，以及由于新冠肺炎疫情防控带来的出门难题，网络消费占总消费比例近年来也持续攀升。实物商品网络零售额占总体社会零售额的比例，已经从2015年的10.8%增长至2021年的24.5%。

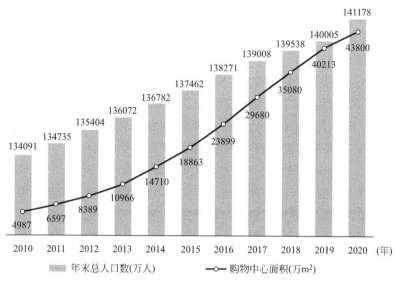

图10 近十年全国购物中心总面积与人口增长趋势

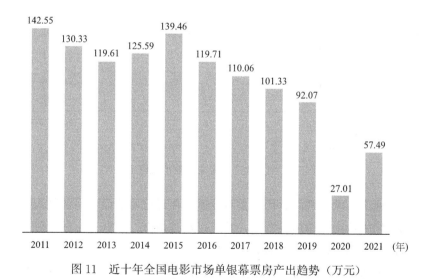

图11 近十年全国电影市场单银幕票房产出趋势（万元）

而仍在持续的新冠肺炎疫情及国内外不稳定因素，将对实体消费以及经济平稳增长带来进一步冲击。

2. 经营能力是现阶段轻资产的关键

竞争加剧、渠道冲击、需求萎缩的三重压力，使得传统的商业发展模式遭受挑战，也让越来越多的商业经营者，尝试开创各种线下消费的"新打法"。

招式的比拼最终会导向业绩的较量，而优秀的经营能力正是现阶段轻资产的关键和底气。

例如由上海市漕河泾新兴技术开发区发展总公司开发，印力集团进行商业管理与运营的上海漕河泾印象城。该项目从签约、毛坯交付后，仅用252天，就实现超95%的签约率开业。

项目引入一批上海及区域首店、概念店和特色店，开业当天客流达10万人次，以5.6万㎡的体量，前10个月实现894万人次客流，以及5.7亿元的销售额。

也正是这样骄人的业绩，让万科在其2021年年报中将其列为"轻资产合作的代表性项目"，并论证集团的"轻资产管理能力获得认可"。

3. 独立自主是商业管理公司发展壮大的必经之路

目前港股上市的轻资产管理公司，其大量项目仍源于母公司新开发项目的输送，这也在很大程度上导致了轻资产管理公司，会因为住宅开发公司业务不稳定性的增强，而出现股价下行（图12）。

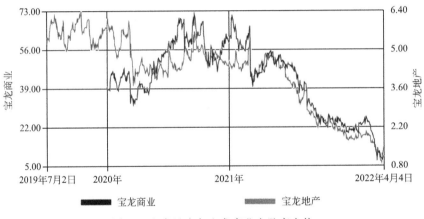

图12 宝龙地产与宝龙商业市盈率走势

随着房地产高歌猛进的时代一去不复返，在母公司输血不足的情况下，如何能从外部市场中持续获得项目资源，并通过经营培育，收获稳定的业绩增长，是当下所有商业管理公司面临的最大挑战。

除了像万达这样，通过标准化的产品，快速扩张占领商业空白区域以外，具备像TX淮海、REGULAR源野、西单更新场等项目操盘团队的"化腐朽为神奇"的能力，或许将是获取更多核心区域价值创造型项目的重要依仗。

4. 消费行业仍然大有可为

政策导向：国家实施扩大内需战略，释放消费活力，激发消费潜力，营造"愿消费""敢消费""能消费"的良好政策氛围。消费将成为经济社会发展的稳定器。

消费升级：2021年我国人均GDP达12530美元，接近高收入国家门槛，已经进入消费结构快速升级与消费支出较快增长期，尤其是国内部分发达地区人均

GDP已达到高收入国家水平,对消费升级的支撑更加明显。

国际消费中心城市:《"十四五"商务发展规划》提出,培育若干具有国际竞争力、影响力的综合性国际消费中心城市,带动形成一批辐射周边国家和地区的特色化区域性国际消费中心城市。2021年7月,在上海、北京、广州、天津、重庆率先开展国际消费中心城市培育建设。

首店经济:各地持续出台、更新首店经济激励政策,引导企业、品牌开出首店。2021年,1078家首店登陆上海,901家登陆北京,261家登陆广州,203家登陆重庆,194家登陆天津。

也正是在消费产业不断发展的宏观背景下,可以看到太古、领展等香港商业巨头,近年来纷纷加大了其在内地布局的力度(图13)。

2021年以来,亚洲最大的房地产投资信托基金(REITs)领展房托,多次斥巨资收购内地商业项目。	2022年3月,太古地产宣告,计划未来十年投资超过1000亿港元,在中国和东南亚地区发展一系列筹划中的新项目。其中超过一半资金将投资于中国内地,在一线及新兴一线城市重点发展以零售为主导的综合发展项目。
2020年二季度,领展在上海设立中国内地运营总部,加快收购步伐。	
2021年2月,领展以27.7亿元收购上海七宝万科广场50%股权。	2022年3月,西安太古里项目落地,将打造以零售为主导的综合商业项目。西安成为继北京、上海、广州和成都后,太古地产布局业务的第五座内地城市。
2021年6月,领展以32.05亿元收购广州物业太阳新天地购物中心。	

图13 领展房托与太古地产对中国内地商业项目的投资

5. 商业不动产REITs带来的想象空间

在2022年3月的两会期间,全国政协委员、中信资本控股有限公司董事长兼首席执行官张懿宸建议"将商业不动产纳入基础设施公募REITs扩容试点"。

美国与新加坡REITs各资产类型分布如图14所示。

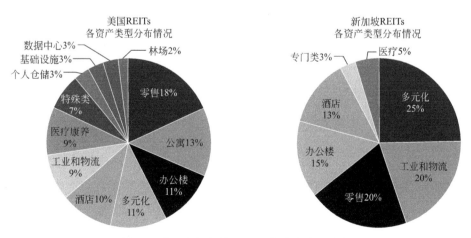

图14 美国与新加坡REITs各资产类型分布

美国数据截至2021年底,新加坡数据截至2021年4月

资料来源:彭博、新交所、Nareit

如果REITs的退出渠道打通，甚至能在税收政策上有优惠调整，就将给更多资本注入商业地产带来广阔机会。一方面，这将能帮助许多重资产物业持有方，加快向轻资产发展的步伐，另一方面，也将给现有的轻资产管理人，迎来从"项目运营商"向"资产管理人"方向发展的可能性，通过更广泛地参与资产各个阶段的价值创造，来获取更大的回报。

第八章 新业态 资产运营与产业地产

投资视角下的产业地产生态分布

刘爱明

数据显示,第一梯队房企销售业绩同比下降40%,这对于房地产行业是个非常危险的信号。未来关于房地产行业仍然会发生许多变化,这些变化将冲击我们以往对这个行业所形成的认知。曾经受舆论宣传的影响,有部分观点认为房地产"绑架"经济,甚至认为房地产是洪水猛兽。下面从两个不变、三个变化谈谈从业三十多年,个人对房地产的理解。

一、房地产逻辑变与不变

1. 不变——国民经济的支柱地位不变

房地产作为国民经济的支柱地位不变。房地产及上下游在我国GDP占比区间在21.4%~30.2%,显示出其经济支柱的重要地位。短期内,难有行业能迅速取代其在GDP中的占比。纵观全球,在科技、金融行业均成熟发展的美国,房地产依然起到支柱作用。房屋的柱子最大的作用在于稳定建筑物,使房屋稳固,能够抗击风雨。回顾房地产发展史,在世界各国都有一段供需两旺的稳定发展期,促进经济稳定发展。

众所周知,支撑柱在任何装修改造中都不能拆除、挪动,房地产作为国民经济的支柱,应该给予呵护。呵护得当,房地产得以继续稳健发展,在未来十到二十年仍将发挥其国民经济稳定器的作用。2021年,中国城镇化率为64.72%,高于55.3%的世界平均水平,接近中高收入经济体的66.6%,但明显低于高收入经济体的81.3%。相比发达国家的城市化水平,我国城镇化率仍有空间。按照房地产发展周期预测,中国房地产销售市场未来十年仍将有每年10万亿的体量,对经济支撑依然可观(图1)。

2. 不变——个人财富主要组成部分

房地产资产在个人资产配置中占比较高,排名第一位。瑞银集团和康普顿财富公司在最新联合发布的全球"家族办公室"资产投资调查报告中通过对全球311个家族办公室分析指出,其投向的行业主要集中于房地产含租赁(60%)、

作者简介:刘爱明,清华土木系1986级校友,清华校友总会城乡建设专委会副会长,深圳清华房地产协会会长,深圳市产城融合促进会会长,中城新产业董事长。

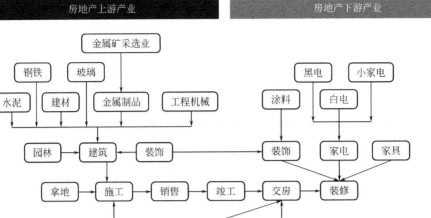

图1 房地产上下游产业链

科技类（46%）、医疗保健（34%）和金融（34%）。

有恒产者有恒心的观念在全球适用，房子在个人财富中占据重要的位置，无论经济如何波动，财富积累最终的落点体现房产和土地，曾经有黄金、石油，但石油跟个人直接关系较弱。房屋、土地离钱最近且与普通人关系密切，所以房地产在个人财富积累中拥有特殊地位，占比较大，难以改变。例如深圳某高科技公司负责人的个人财富最大占比恐怕是深圳湾的房产。硅谷本身是个比较偏僻的地方，硅谷高科技的发展带动了当地房价的持续上涨。人类历经几千年发展，拥有许多精神财富的积累，而物质财富的积累，恐怕大多都体现在土地和房屋上。

3. 变化——从单一住宅拉动到多元化的转变

房地产的时代从黄金、白银到黑铁，个人认为未来的变化可能更为剧烈。从前，我们谈房地产多指住宅，但房地产不仅有住宅，更多的是非住宅，如写字楼、商场、酒店、产业园、公寓，非住宅的部分或许更精彩。高楼林立常用于形容一个地方繁荣，此高楼指的恐怕并非住宅，更多情况下是指非住宅。过去住宅的黄金时期，是特定时代背景下形成的特殊时期的商业模式。从城市活力发展重新塑造世界级城市核心区的案例可以看出，未来非住宅地产多元发展将取代以往住宅销售市场一枝独秀的阶段。东京、纽约等城市的非住宅远比住宅精彩。

4. 变化——市场分化、城市群集聚

过去二十几年，住宅市场遍地开花，四线、五线小县城也能迅速做起来。现代交通规划将导致人口越来越集中而非分散，未来的发展以城市群为核心，钱和人将越来越往核心城市群集中，除了核心城市群之外，其他地方的发展思路会转向青山绿水，相比原来遍地开花的市场变化巨大（图2）。

- 城市化的进一步发展吸引持续的人口流入，不同区域的城市化发展会出现明显分化。
- 国家打造世界级城市群，先打造世界级产业群政策引导下，城市群持续集聚。
- 都市圈对周边城市的溢出效应和虹吸效应，将促使多层级城镇体系的形成，远离都市圈的县城将不再是房地产主流战场。

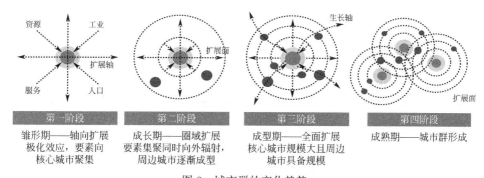

图2　城市群的变化趋势

资料来源：肖金成《都市圈理论与规划》、戴德梁行研究部

5. 变化——从增量市场到存量市场的变化

房地产原是以销售为主的买卖市场，房地产中只有住宅市场能够以家庭为单位分割销售，住宅的经营模式更像制造业，买地、生产产品、销售、回款。住宅可快速销售的特殊属性，加上预售制、金融政策等，使其有较高的杠杆，造就了许多房地产企业发展的神话，但这个神话仅限于住宅且供需两旺的高速发展时期。除了可销售住宅这一增量市场，房地产更大体量是存量市场。

中国现有存量市场面积约 400 亿 m²，预计未来 5～10 年以每年 10 亿 m² 增量持续，最终城市存量面积维持在 500 亿 m² 左右。房地产市场逐渐向存量阶段过渡，大规模的存量市场会出现新的市场机遇。一个建筑从原来的菜市场到图书馆，学校旁边的杂货铺变成如今的商业综合体，未来围绕存量市场的探索，将打开房地产行业更为精彩的篇章（图3）。

面对如今房地产市场如此大的动荡，许多人彻底失去信心或是过于悲观，以上围绕房地产发展变与不变的论述，希望可纠正不必要的极端思想或错误认知。

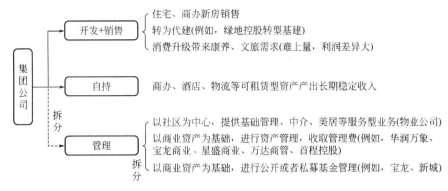

图3 从增量市场到存量市场的变化

二、运营是资产长期价值的核心

未来房地产市场更多的是存量物业，存量物业的共同特征是持续运营。存量物业大多无法分拆销售，可销售也将受限制，如整体转售。以酒店为例，每年全年国内酒店销售不过十几单，但无论是否销售，酒店的运营一直都在发生。条件相近的两个商场或写字楼其价值差异最大的区别就在于运营管理。运营是存量资产长期价值的核心（图4）。

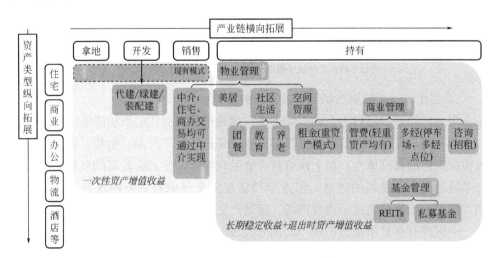

图4 地产价值横向及纵向拓展，价值深挖

1. 存量市场资产价值核心——住宅运营

物业板块平均市盈率46.7，房地产开发板块7.3，物业板块市盈率约是房地产发展的7倍。目前，住宅的运营主要在物业管理，围绕住宅的运营或将衍生出更多的内容，如社区管理，基于住宅运营产生，创造盈利价值，吸引资本介入形成成熟行业。

关于住宅市场的探索国外也有许多的案例,如日本的三井不动产。20世纪90年代日本房地产也是一个硬着陆的过程,许多企业倒闭退出市场,也有企业跨越周期存活下来,三井不动产就是其中代表。

三井不动产(日本)—与三井住友和三井物产一起被称为日本三井集团支柱企业。1990年通过变卖股权和资产,在日本后泡沫时期存活下来,经过2000年的转型,在2003—2008年期间"以费用为核心"的管理,发展多元业务,为公司在特殊时期提供收入韧性。结合REITs基金,实现轻资产业务增长,优化存量不动产结构,海外拓展再次腾飞(图5)。

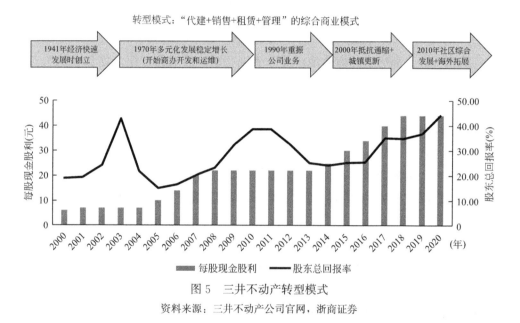

图5 三井不动产转型模式

资料来源:三井不动产公司官网,浙商证券

2. 存量市场资产价值核心——酒店运营

许多酒店的运营者并不是酒店的持有者,运营商仅做品牌与管理输出。中国能建设酒店的企业不少,但知名酒店运营平台还需时日。酒店运营属于轻资产,输出品牌和管理经验、管理模式,品牌价值就能高达数十亿美元,这就是存量资产运营价值的体现(表1)。

世界知名酒店运营品牌及其价值　　　　表1

排名	品牌	价值(亿美元)	所属酒店集团	所在地
1	希尔顿(HILTON)	76.10	希尔顿集团	美国
2	凯悦(Hyatt)	46.95	凯悦酒店集团	美国

续表

排名	品牌	价值(亿美元)	所属酒店集团	所在地
3	假日酒店(Holiday Inn)	37.76	洲际集团	美国
4	欢朋酒店(Hampton Inn)	28.63	希尔顿集团	美国
5	万豪(Marriott)	24.08	万豪集团	美国
6	香格里拉(Shangri-La)	19.87	—	中国
7	洲际(Intercontinental)	14.62	洲际集团	英国
8	逸林(Double Tree)	13.04	希尔顿集团	美国
9	皇冠假日(Crowne Plaza)	12.15	洲际集团	英国
10	喜来登(Sheraton)	11.34	万豪集团	美国

3. 存量市场资产价值核心——写字楼商业

国内部分头部房企的商业地产业务表现亮眼，已成为"第二增长曲线"，部分企业非开发类业务表现出较高毛利率。持有物业带来稳定现金流，其业务表现出比开发业务更出色的稳定性。

4. 存量市场资产价值核心——商业运营

西蒙地产（美国）

全球领先的商业地产开发管理公司。成立于20世纪60年代，1993年上市。截至2021年，公司在美持有、开发和管理购物、餐饮、娱乐和综合性用途商业地产199个，总面积达1629万 m^2。2021年，西蒙在美的Mall和Premium Outlets出租率为93.4%，The Mills出租率为97.6%。

运作模式："融、投、管、退"全链条，商业成熟后打包注入REITs实现资金回笼。西蒙地产通过开发运营商业项目获取租金和管理费收入，其本身持有REITs份额销售分红和物业升值收益。

5. 存量市场资产价值核心——产业运营

（1）普洛斯

全球工业物流龙头—中国1490万 m^2 仓储物业面积；38个主要城市；物业出租率达90%。

运营模式：以REITs为核心的轻资产运作模式（图6）。

盈利模式：租金收入+物业资本化（快速回收成本）。

地产开发：地产开发部门负责物流园区类型土地开发，开发完成后可以卖给普洛斯基金或者第三方获得出售收入，也可以进入地产运营阶段获得出租收入。地产开发业务贡献了约60%的主营业务收入和30%左右的主营业务利润。开发周期一般为前期3~6个月、建设6~12个月。

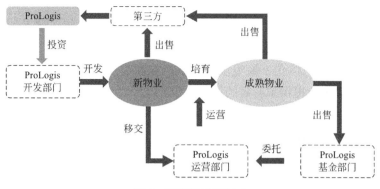

图 6　普洛斯运营模式

地产运营：地产管理部门在获得交付的物流园区后，出租取得租赁收入。地产运营虽然只贡献了 30% 的主营业务收入，却占到了整个主营业务利润的 50%。在成熟阶段，普洛斯的招租率普遍达到 90% 以上，租金回报率 7% 以上。

地产基金：基金管理部门通过"核心型基金"购入成熟物业——实现重资产剥离、回笼资金。

(2) 裕廊集团 & 腾飞（新加坡）

始于 1968 年，是新加坡规模最大的工业园区规划和运营商。2000 年被新加坡内阁任命为纬壹科技城总体开发商，负责科技城开发建设及后期运营（图 7）。

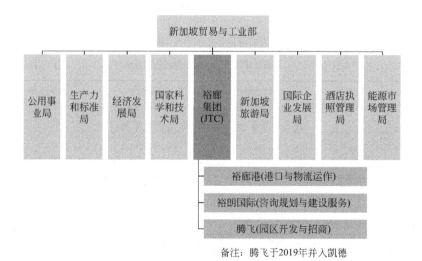

备注：腾飞于2019年并入凯德

图 7　裕廊集团业务线

纬壹科技城：北纬 1°上唯一科技城，其带来的启示：

- 规划的有效执行：用地规模预测，科学制定土地规模和产值规模预测，科学制定土地规划，且被有效持续执行。

- 构建创新社区：按照创新社区的理念，综合考虑工作、学习、生活等各方面需求，创造人与人之间互动创新空间。
- 注重产学研一体化：聚集多个科研机构和重点实验室等，引进上千名科研人员，为入驻企业提供了有效的科技平台。
- 强化投入、集约用地：建设预计投入经费 150 亿新币，土地开发注重"立体开发"，强调多功能垂直整合。
- 政府持续研究经费投入：2000 年之后的近二十年时间，新加坡政府不断加入研发投入，完善科研体系。
- 高效有序的管理体制：裕廊集团全程参与园区开发建设和运营管理，市场化运作的模式提高了资源配置和运营效率。

从上述存量物业运营价值的案例中可见，存量物业类型多样，各类物业都有标杆，无论在品牌、市值、上市等方面都表现出色。对比住宅开发商多年经营的千亿市值，运营出色的酒店或者商业市值也可以在百亿美元，这就是存量物业市场的精彩之处。以上案例为大家介绍房地产行业不同类型的成功案例，以下介绍我所从事的产业地产。

6. 什么是产业地产？

以产业为核心，地产为主要盈利手段，以产业运营为内容，房地产为载体，聚焦产业生态的打造，实现产业空间的整体开发与运营（图 8、图 9）。

主体	政府	开发商	运营商	企业
功能	产业引导	投资建设	产业生态/产业链打造	生产主体
收益	税收 土地出让金	物业租售 物业增值	招商激励 产业服务收益	政策支持 更好的营商环境

图 8 产业地产参与主体及收益来源

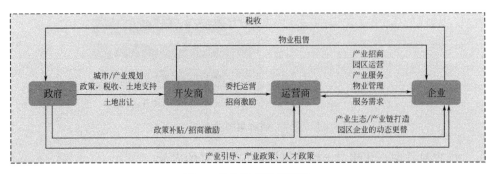

图 9 产业地产运营逻辑

7. 产业园区存量

中国的产业地产市场体量较大，中国作为制造业大国，产业园区未来还将持续发展。截至 2022 年 2 月末，我国各类国家级开发区 665 家，多涉及化工、汽车等产业；省级开发区 2069 家，以新材料、节能环保等行业为主；各类专业园区 8 万多个，主要聚焦物流、文化创意及电商行业（图 10）。

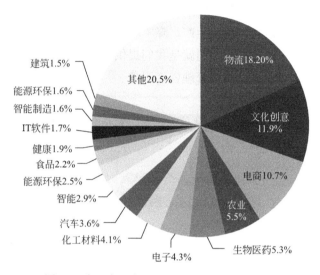

图 10　我国专业产业园区行业分布（按个数）

8. 产业地产运营实践

产业园区运营的本质是服务。服务分为两类：一类是围绕生产的主业服务即产业服务；另一类是围绕生活等副业服务，即企业服务。

产业企业的痛点在哪里（图 11）？

企业服务		产业服务
员工生活	服务对象	企业生意
综合园区	园区类型	专业园区
入驻服务 商业配套 设施管理 ……	服务项	技术转移 科技投资 金融平台 ……

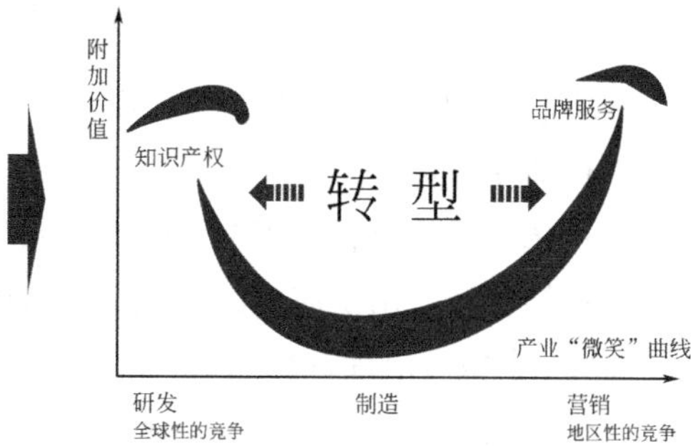

图 11　产业企业的痛点

产业服务是围绕不同行业类型的企业提供痛点服务，以下结合智能制造行业举例说明什么是产业服务：

(1) 科理中城 DFMA 产品设计降本服务

以华为手机、小米手机、大疆无人机三个智能硬件为例,拆机后以其螺钉种类作比较,华为 2 种螺钉,小米 4 种,大疆 26 种。单就螺钉种类这一维度比较,制造水平高低一目了然。2 种螺钉的生产成本、生产效率优于 26 种,其在采购、物流、仓储、装配时间等方面优势明显,这就是制造业精细化管理,在设计阶段就开始拼成本。以图 12 为例,设计阶段 70% 的成本已被确定。欧美企业在设计研发阶段投入更多的精力,精益生产,降本增效。

深圳市科理中城科技有限公司就是我们提供的设计降本服务,专注于精益管理咨询,为科技制造业提供精益管理咨询服务。

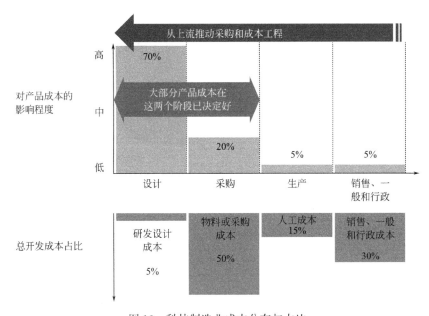

图 12　科技制造业成本分布与占比

先进设计理念与降本手段双管齐下,在满足功能质量要求的前提下:
- 简化设计;
- 选择最优材料和工艺,降低产品生产制造成本;
- 精确计算出供应商的应该成本(而非采购成本),获得谈判优势。

(2) 中城智能硬件加速器

- 工艺分析中心:帮助企业学习优秀产品研发设计能力和成本控制能力;帮助企业了解产品生产制造过程,链接优势产能(图 13)。
- 智能硬件加速服务网络:聚集 6 万家产业链企业,梳理企业不同特点,标签化分类后精准对接,为企业提供从产品设计到生产多个环节的精准服务。在

第八章　新业态　资产运营与产业地产

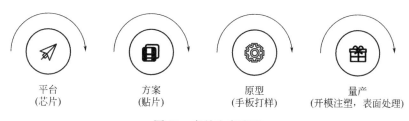

图13　产品生产流程

全球产业链充分竞争的现状下，帮助企业产品加速落地，提前抢占市场（图14）。

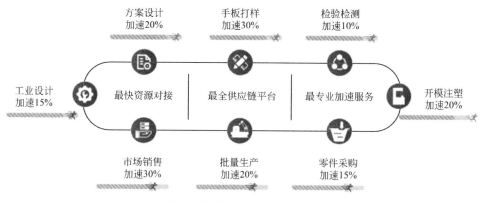

图14　智能硬件加速服务网络

（3）中城天集社供需对接平台

帮助企业找订单。与项目全面对接，供应链整合平台，打通上下游产业链，精准对接服务。为包括智能制造产业在内的科技产业提供覆盖供应链全链条的平台化一站式服务，满足包括产品、代工、3D打印、投融资、人才招聘、行业资讯、行业活动和交流等多样化需求（图15）。

（4）中城金服

中城金服扎根中城产业园区，深耕医疗健康、智能制造两大产业。中城金服针对不同企业现状，提供包含股权融资、债权融资以及兼并收购三大类综合性服务。根据每一个客户的需求，提出合理的融资建议，并确认最优融资方案（图16）。

（5）清华中城智能制造联合研究中心（图17）

运营团队：实验室主任王晓浩教授（清华大学深圳研究生院副院长）；实验室副主任钟伦超博士（清华大学深圳研究生院助理教授）；实验室拥有研发、销售、运营管理团队29人。

服务案例：中钢天源设备采购，公司磁性材料检测设备受到南京中钢天源（央企合作单位）的认可。

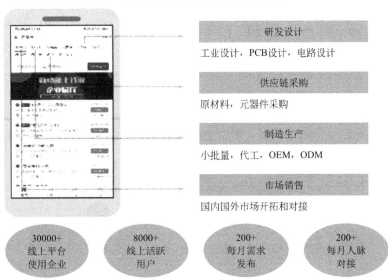

图15 中城天集社供需对接平台

图16 中城金服服务平台

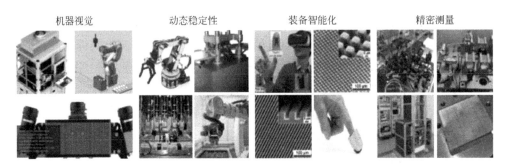

图17 清华中城智能制造联合研究中心

（6）园区企业服务（图 18）

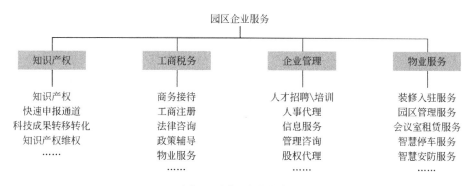

图 18　园区企业服务

（7）智能制造园区运营服务（图 19）

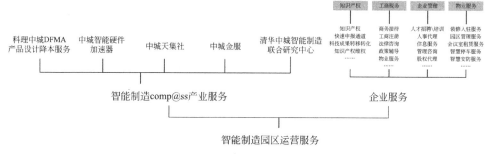

图 19　智能制造园区运营服务

上述围绕智能制造行业的技术、研发、生产、销售、市场、金融等提供的服务即为产业服务，加上工、商、财、税等企业服务构成产业园区的运营服务，这就是产业地产的运营，与房地产销售比起来，难度大很多。销售型房地产更像制造业，部分企业在研发方面甚至不如制造业。从前部分企业因为借用高杠杆而呈现短暂的精彩，而现状并不乐观。未来的房地产领域，依靠运营水平、精细化运营服务能力所造就的精彩，虽难，但可持续，其品牌和资产也更有价值。这就是未来房地产存量市场运营的精彩之处。

三、产业地产的资本出路

从资本的视角，产业地产可以分为三个模式：轻资产、中资产和重资产。

1. 轻资产（服务输出）

以产业服务能力为核心，输出产业规划、定位策划、招商运营等全流程服务。产业地产输出全流程服务企业不多，以万象生活为对标，提供商业运营全流程服务。

（1）对标案例：万象生活

目前，公司业务主要包括住宅物业管理、商业运营及物业管理两大板块，购物中心及写字楼商业运营业务分别自 2020 年及 2020 年下半年开始核算收入。截至 2021 年上半年末，公司住宅、购物中心及写字楼物业管理合计合同及在管面积约 1.8 亿 m^2 及 1.4 亿 m^2，购物中心及写字楼商业运营覆盖的合同及在管面积约 0.14 亿 m^2 及 0.08 亿 m^2（图 20、图 21）。

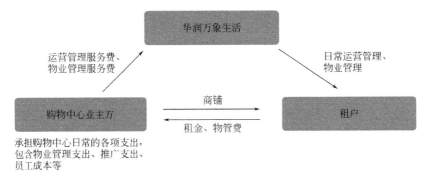

图 20　华润万象生活轻资产输出模式下的三方关系

资料来源：招股说明书，兴业证券经济与金融研究院整理

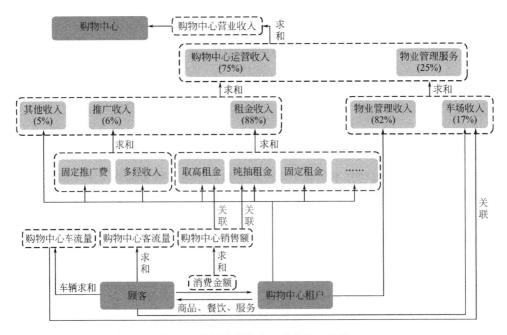

图 21　某单个购物中心营业收入结构

资料来源：行业调研，兴业证券经济与金融研究院整理与测算

（2）润城新产业（华润＋中城）

润城新产业核心竞争力为产业运营服务能力，资本实现方式为用服务能力兑换资本市场价值（图22）。

图22 润城新产业平台五大核心能力

2. 中资产（租赁模式）

（1）存量租赁运营模式（表2）

存量租赁运营模式上市企业　　　　　　　　　　　表2

企业品牌	园区品牌	规模	品牌定位	业务	园区运营	布局城市
德必	易园WE、LOFT	70余个园区，100多万 m²	服务化、社群化、国际化的文创、科创企业服务商	创意产业园投资、设计、建设、招商、运营、平台式整合等创新服务为一体（开发、设计、运营优势）	全球化、社群化、集大成数据、共享、智能化、互联网、云平台、企业服务为一体；每年上千场社群活动	上海及长三角地区、北京、成都、武汉、广州、深圳，以及美国、意大利的部分城市等
锦和商业	越界（单品牌）	26个园区（1个托管）65万 m²	商用物业全产业价值链服务集成商	商用物业＋创意产业园区的定位、改建和运营管理（最大优势开发）	物业管理运营，提供园区配套服务，逐步加强园区的公共服务平台建设	上海及长三角，同时向北京、深圳、广州、武汉等中心城市进行拓展

（2）中资产模式问题

中资产看起来不重，但也不轻。存量物业需要改造，例如联合办公类资产改造成本达2000～3000元/m²，10万 m² 的存量物业改造成本就高达两三亿元，而回收前期投入的改造成本则主要依靠租金差，较大的改造成本需要长期稳定的租金差来填补，但目前租赁市场还存在风险，无法保证长期稳定租金差。此外，作为存量运营商很难长期从业主处获得大量低成本租约，租金也无法实现长期无序增长。因此，前期高投资、依靠长期租金差回收成本的中资产模式也存在较大风险。

3. 重资产（持有模式）

重资产卖地盖楼后销售或持有。华夏幸福为销售模式，张江高科为持有模式。

（1）对标案例：华夏幸福

华夏幸福模式目前已出现问题，问题的关键是经营模式不清晰，从华夏幸福的主要利润来源可以看出，其本质是住宅销售。而住宅销售在什么情况下成立？住宅销售有其战略选择的逻辑。华夏幸福很多的住宅土地获取来自于产业勾地，适合做产业的地方是否同样合适做如此大体量的住宅销售，其本身在战略上存在较大偏差。纯住宅销售的逻辑有许多优秀的企业，其经营策略清晰。但华夏幸福以产业勾住宅的方式，在住宅业务的重要策略选择上受制于产业，其住宅模式是否能成立存在质疑。产业的部分，政府关注的是产值税收，华夏幸福产业园区模式重点在开发销售，对应的产业引入、产业培养方面乏力。在销售模式下是否能够兑现产值和税收？产业的模式也存在疑问。

（2）对标案例：张江高科

张江高科（以下简称"张江"）的模式包含物业租赁、销售和产业投资。张江在面对开发空间受限时，2014年自我定义转型为科技投行。目前，能看到的产业园区转型科技投行成功盈利的只有张江。如果只有张江，那这个是否能成为成熟的模式？张江的产业投资如何能稳定盈利？这些都值得深入思考（表3、图23）。

张江高科双途径投资　　　　　　　　　　　　　表3

途径	具体做法	投资行业（企业）
直接投资	长期跟踪园区内主导产业龙头企业，对于业绩优秀、行业领先、有自主创新成果、发展前景良好的企业，选择在其IPO之前，通过不同平台战略性投资入股	中芯国际、微创医疗、康德莱药业
参股产业基金	通过旗下主要投资平台浩成创投，参与组建由专业管理团队运营的行业和阶段相对聚焦的投资基金	生物医疗板块、金融产业领域中的新兴企业以及在高科技、新能源及集成电路领域中处于发展优势地位的企业

战略转型：科技投行
运营模式：科技地产商+产业投资商+创新服务商
盈利模式：物业租赁+物业销售+产业投资

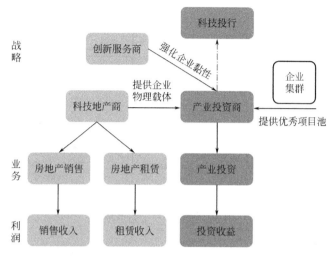

图23 张江高科产业地产运营模式

（3）华城新产业（华润＋中城）

华城新产业以"服务中国制造转型升级"为使命，聚焦主题产业园区，华城新产业定位于产业园区开发，构建"1248"战略体系，塑造主题化、数字化、平台化的产业生态服务竞争力，致力成为城市产业发展合伙人（图24）。

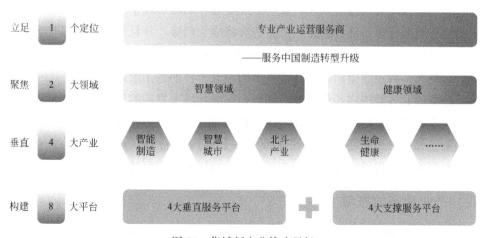

图24 华城新产业战略目标

匹配政府所需，企业所求，专业产业规划精准定位先进产业，高品质平台建设吸引目标企业积极落位，提供产业投资开发综合解决方案，推动产业项目从规划到落地的全流程实现（图25）。

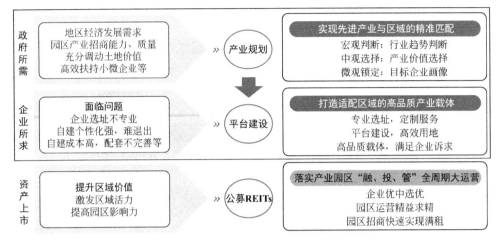

图25　华城新产业运营模式

在产业地产重资产模式不断实践中，越发清晰地认识到销售不是产业地产可持续发展的主流模式。依靠产业空间的销售，套用住宅地产的模式，拿地、盖厂房、销售，赚取其中的利润难以持续。虽然现如今该模式有比较成功的案例，如联东、中南，但随着产业地产的不断发展，未来或将面临诸多问题。

持有运营需要经营者重点关注运营服务能力，着力于产业生态建设，服务企业生存和发展，如此模式才可持续。持有运营更有利于产值和税收等产业要求兑现，故而也是政府欢迎的模式。政府对产业地产的理解越来越深入，空间的销售限制也将越来越多，部分销售、部分持有将成为趋势，并且持有比例将扩大，单项目可销售部分利润难以覆盖持有部分的成本。大量资金的长期占用，门槛太高，让绝大多数企业望而却步。持有型的重资产目前也正遭遇挑战。

产业园成为经济增长的重要引擎，是区域和城市发展的助推器，存量产业园盘活将重新激发市场活力，产业园区运营向专业化、特色化升级是行业发展的必然趋势。如今，国家将产业园区作为公募REITs支持的试点领域，为企业大额投资在资本市场提供出路，成为产业地产持有运营模式可持续发展的重要支撑。

四、产业地产的思考

为产业而做地产还是为地产而做产业，这是一个选择题。某公司做商业地产曾一度为地产而做商业，把商业作为棋子，最终目的仍是住宅销售。做产业地产的目标和结果要区分清楚，像攀登珠峰一样，目标是回来，登顶只是一种结果。两种选择会导致较大的偏差，只有将产业发展作为最终目标，地产收入视为经营中的一种结果,产业地产才能取得长远稳健发展。

最后,希望上面的例子能引发大家更多的思考,做任何事情之前要思考目标是什么,希望能达到什么样的结果,这样的思考才能找到问题的本质,才能不忘初心,方得始终。